IRISH SENTENCE BUILDERS

A lexicogrammar approach

Beginner to Pre-Intermediate

THE LANGUAGE GYM

ISBN: 9783949651144

After much testing in the field and following on from user feedback, formatting has been updated in this version. Exercise layout is now more user-friendly for students, with larger spaces for writing in answers and a lighter shade of grey to improve legibility and enable easier photocopying.

Imprint: Independently Published

Edited by Ciara McCoy Fegan

About the authors:
Irish Sentence Builders

Aoife de Buitléir is a qualified post primary teacher since 2017 where she completed her Professional Masters of Education in National University of Ireland, Galway. During her studies in NUIG, she completed modules such as Educational Sciences and as well as achieving a 1.1 in her research Project on effective hooks in a language classroom. Prior to her Master's degree, Aoife completed a 3 year Joint Bachelor of Arts degree specialising in An Ghaeilge and Honours Mathematics where she achieved a first class honours degree.
Aoife has worked as a translator in the Irish Translation Department in NUIG and with an independent translation company in Co. Galway where she translated legal documents into Irish.
Furthermore, Aoife works in an Irish speaking Gaeltacht area in Conamara, Co. Galway with an Irish College teaching Irish in 3 week emersion courses since 2013.
Additionally, Aoife is undertaking the Saibhreas Teanga course in Acadamh na hOllscolaíochta Gaeilge in Ceathrú Rua, Conamara and is always looking to improve her own level of competency and fluency in the language.
Since qualifying as a post primary teacher, Aoife has worked in a wide variety of post primary schools between mixed and single gender schools in Galway and has taught Irish and Mathematics from Junior Cycle to Senior Cycle Higher Level. Aoife is now working in Tullamore, Co.Offaly.

Órla de Buitléir qualified as a post primary teacher in 2017 where she undertook the Professional Masters of Education in the National University of Ireland, Galway achieving a first class honours Master's degree at the end of her 2 years. During her studies, she completed teaching placement in various post primary schools across Galway City and studied modules in the Psychology of Learning and Teaching. Preceding her Master's degree, Orla was awarded a 1.1 in her Joint Bachelor of Arts degree in An Ghaeilge and Honours Mathematics. Throughout her studies there, she completed modules such as Translation Studies and The Undergraduate Ambassador Module.
Orla continues to enhance her own professional learning and is undertaking a Saibhreas Teanga course in Acadamh na hOllscolaíochta Gaeilge in Ceathrú Rua, Conamara as well as been awarded the Certificate 'Teastas Gaeilge do Mhúniteorí Iarbhunscoile'.
Additionally, Orla works in an Irish College in Conamara, Co. Galway each summer since 2013 teaching Irish to students from across the country.
Orla has taught students of all levels ranging from Junior Cycle to Senior Cycle Higher Level and is currently working in a mixed post primary school in Tullamore, Co.Offaly.

About the authors:
Original version (Spanish Sentence Builders)

Irish Sentence Builders is an adaption of an original best-selling book (Spanish Sentence Builders – A lexicogrammar approach) by Gianfranco Conti & Dylan Viñales.

Gianfranco Conti taught for 25 years at schools in Italy, the UK and in Kuala Lumpur, Malaysia. He has also been a university lecturer, holds a Master's degree in Applied Linguistics and a PhD in metacognitive strategies as applied to second language writing. He is now an author, a popular independent educational consultant and professional development provider. He has written around 2,000 resources for the TES website, which have awarded him the Best Resources Contributor in 2015. He has co-authored the best-selling and influential book for world languages teachers, "The Language Teacher Toolkit" and "Breaking the sound barrier: Teaching learners how to listen", in which he puts forth his Listening As Modelling methodology. Gianfranco writes an influential blog on second language acquisition called The Language Gym, co-founded the interactive website language-gym.com and the Facebook professional group Global Innovative Language Teachers (GILT). Last but not least, Gianfranco has created the instructional approach known as E.P.I. (Extensive Processing Instruction).

Dylan Viñales has taught for 15 years, in schools in Bath, Beijing and Kuala Lumpur in state, independent and international settings. He lives in Kuala Lumpur. He is fluent in five languages, and gets by in several more. Dylan is, besides a teacher, a professional development provider, specialising in E.P.I., metacognition, teaching languages through music (especially ukulele) and cognitive science. In the last five years, together with Dr Conti, he has driven the implementation of E.P.I. in one of the top international schools in the world: Garden International School. This has allowed him to test, on a daily basis, the sequences and activities included in this book with excellent results (his students have won language competitions both locally and internationally). He has designed an original Irish curriculum, bespoke instructional materials, based on Reading and Listening as Modelling (RAM and LAM). Dylan co-founded the fastest growing professional development group for modern languages teachers on Facebook, Global Innovative Languages Teachers, which includes over 12,000 teachers from all corners of the globe. He authors an influential blog on modern language pedagogy in which he supports the teaching of languages through E.P.I. Dylan is the lead author of Irish content on the Language Gym website and oversees the technological development of the site.

Acknowledgements

We would like to thank all who have helped us along the journey of putting this book together from the initial inspiration all the way through to the publishing.

Firstly, we would like to thank Gianfranco Conti and Dylan Viñales for all your support, help and encouragement throughout the entire process. You put your trust in us from the very start and were always happy to answer our questions despite the major time differences!

Next, to our editor Ciara McCoy Fegan, thank you so much for overseeing the translation process and you will not want to see any Dropbox comments for a while again!

We would like to thank our school principal, vice principal and colleagues for all their support and encouragement over the past few months. We would like to mention in particular the French teachers in our school, Sarah McEvoy and Magali Rougerie, for introducing us to the Conti way and who planted the seed for the Irish Sentence Builder book.

Additionally, we would like to express our gratitude to John Keane who reviewed our book and proofread the units in addition to our editor.

Finally, we extend our appreciation to our family and friends who have encouraged and helped us along the journey from pen to paper.

Introduction

Hello and welcome to the first 'text' book designed to be an accompaniment to an Irish, Extensive Processing Instruction course. The book has come about out of necessity because such a resource did not previously exist.

How to use this book if you have bought into our E.P.I. approach

This book was originally designed as a resource to use in conjunction with our E.P.I. approach and teaching strategies. Our course favours flooding comprehensible input, organising content by communicative functions and related constructions, and a big focus on reading and listening as modelling. The aim of this book is to empower the beginner-to-pre-intermediate learner with linguistic tools - high-frequency structures and vocabulary - useful for real-life communication. Since, in a typical E.P.I. unit of work, aural and oral work play a huge role, this book should not be viewed as the ultimate E.P.I. coursebook, but rather as a **useful resource** to **complement** your Listening-As-Modelling and Speaking activities.

Sentence Builders – Online Versions

Please note that all these sentence builders will be available in bilingual and Irish only versions online, available to download and in an editable Word format.

How to use this book if you don't know or have NOT bought into our approach

Alternatively, you may use this book to dip in and out of as a source of printable material for your lessons. Whilst our curriculum is driven by communicative functions rather than topics, we have deliberately embedded the target constructions in topics which are popular with teachers and commonly found in published coursebooks.

If you would like to learn about E.P.I. you could read one of the authors' blogs. The definitive guide is Dr Conti's "Patterns First – How I Teach Lexicogrammar" which can be found on his blog (www.gianfrancoconti.com). There are also blogs on Dylan's Wordpress site (mrvinalesmfl.wordpress.com) such as "Using sentence builders to reduce (everyone's) workload and create more fluent linguists" which can be read to get teaching ideas and to learn how to structure a course, through all the stages of E.P.I.

The book "Breaking the Sound Barrier: Teaching Learners how to Listen" by Gianfranco Conti and Steve Smith, provides a detailed description of the approach and of the listening and speaking activities you can use in synergy with the present book.

The basic structure of the book

The book contains 19 macro-units which concern themselves with a specific communicative function, such as 'Describing people's appearance and personality', 'Comparing and contrasting people', 'Saying what you like and dislike' or 'Saying what you and others do in your free time'. You can find a note of each communicative function in the Table of Contents. Each unit includes:

- a sentence builder modelling the target constructions;
- a set of vocabulary building activities which reinforce the material in the sentence builder;
- a set of narrow reading texts exploited through a range of tasks focusing on both the meaning and structural levels of the text;
- a set of translation tasks aimed at consolidation through retrieval practice;
- a set of writing tasks targeting essential writing micro-skills such as spelling, functional and positional processing, editing and communication of meaning.

Each sentence builder at the beginning of a unit contains one or more constuctions which have been selected with real-life communication in mind. Each unit is built around that construction but not solely on it. Based on the principle that each E.P.I instructional sequence must move from modelling to production in a seamless and organic way, each unit expands on the material in each sentence builder by embedding it in texts and graded tasks which contain both familiar and unfamiliar (but comprehensible and learnable) vocabulary and structures. Through lots of careful recycling and thorough and extensive processing of the input, by the end of each unit the student has many opportunities to encounter and process the new vocabulary and patterns with material from the previous units.

Alongside the macro-units you will find:

- grammar units: one or two pages of activities occurring at regular intervals. They explicitly focus on key grammar structures which enhance the generative power of the constructions in the sentence builders. At this level they mainly concern themselves with full conjugations of key verbs, with agreement and preposition usage. Note that these units recycle the same verbs many times over by revisiting at regular intervals but in different linguistic contexts;
- question-skills units: one or two pages on understanding and creating questions. These micro-units too occur at regular intervals in the book, so as to recycle the same question patterns in different linguistic contexts;
- revision quickies: these are retrieval practice tasks aimed at keeping the previously learnt vocabulary alive. These too occur at regular intervals;
- self-tests: these occur at the end of the book. They are divided into two sections, one for less confident and one for more confident learners.

The point of all the above micro-units is to implement lots of systematic recycling and interleaving, two techniques that allow for stronger retention and transfer of learning.

Important *caveat*

1) This is a '**no frills**' book. This means that there are a limited number of illustrations (only on unit title pages). This is because we want every single little thing in this book to be useful. Consequently, we have packed a substantive amount of content at the detriment of its outlook. In particular, we have given serious thought to both **recycling** and **interleaving**, in order to allow for key constructions, words and grammar items to be revisited regularly so as to enhance exponentially their retention.

2) **Listening** as modelling is an essential part of E.P.I. There will be an accompanying listening booklet released, as soon as is possible, which will contain narrow listening exercises for all 19 units, following the same content as this book.

3) For best results, we recommend following the Extensive Processing Instruction methodology: a mixture of **communicative**, **retrieval practice** games, interspersed with pop-up **grammar sessions**, and then this booklet as the follow-up, either in class or for homework.

4) An **answer booklet** is also available, for those that would like it. We have produced it separately to stop this booklet from being excessively long.

5) This booklet is suitable for **beginner** to **pre-intermediate** learners. This equates to 4th, 5th and 6th class primary school students and junior cycle post-primary students and to key stages 3 and 4 classes in Northern Ireland. You do not need to start at the beginning, although you may want to dip in to certain units for revision/recycling. You do not need to follow the booklet in order, although many of you will, and if you do, you will benefit from the specific recycling/interleaving strategies. Either way, all topics are repeated frequently throughout the book.

We do hope that you and your students will find this book useful and enjoyable.

Aoife, Órla, Gianfranco & Dylan

TABLE OF CONTENTS

UNIT 1
Talking about age

In this unit you will learn:

- How to say your name and age
- How to say someone else's name and age
- How to say ages from 1 to 19
- A range of common Irish names
- The words for brother and sister

Tá mé cúig bliana déag d'aois

Tá mé deich mbliana d'aois

Tá mé dhá bhliain déag d'aois

Tá mé naoi mbliana déag d'aois

UNIT 1
Talking about age

<table>
<tr>
<td rowspan="4">Aoife
Báiréad
Cúan
Dáithí
Eoin
Liam
Máire
Órla
Paraic
Siún</td>
<td rowspan="4">is ainm
name</td>
<td rowspan="4">dom
my

duit
your

dó
his

di
her

*do + h
name</td>
<td rowspan="4">agus
and</td>
<td rowspan="4">tá
am/ are/is

+

mé
tú
sé
sí

or

Áine
Eoin
...</td>
<td>aon 1
dhá 2</td>
<td>bhliain
year(s)</td>
<td rowspan="4">d'aois
old</td>
</tr>
<tr>
<td>trí 3
ceithre 4
cúig 5
sé 6</td>
<td>bliana
years</td>
</tr>
<tr>
<td>seacht 7
ocht 8
naoi 9
deich 10</td>
<td>mbliana
years</td>
</tr>
<tr>
<td colspan="2">aon bhliain déag 11 years
dhá bhliain déag 12 years
trí bliana déag 13 years
ceithre bliana déag 14 years
cúig bliana déag 15 years
sé bliana déag 16 years
seacht mbliana déag 17 years
ocht mbliana déag 18 years
naoi mbliana déag 19 years</td>
</tr>
<tr>
<td colspan="8">Author's notes: *After 'do', the next word takes a h after the first letter when it starts with a consonant
If the next word starts with a vowel, do becomes d'
Eg. Seán is ainm do mo dheartháir My brother's name is Seán
Síle is ainm do mo dheirfiúr My sister's name is Síle
Seosamh is ainm do d'athair Your father's name is Seosamh</td>
</tr>
</table>

Unit 1. Talking about age: VOCABULARY BUILDING

1. Match up

Aon bhliain	Seven years
Dhá bhliain	Four years
Trí bliana	Five years
Ceithre bliana	Six years
Cúig bliana	Eleven years
Sé bliana	Ten years
Seacht mbliana	Twelve years
Ocht mbliana	Nine years
Naoi mbliana	Two years
Deich mbliana	Thirteen years
Aon bhliain déag	Eight years
Dhá bhliain déag	One year
Trí bliana déag	Three years

2. Complete with the missing words

a. Tá mé __________________ d'aois *I am fourteen years old*

b. Franc __________________ do mo dhearthair
My brother's name is Franc

c. Dáithí __________________________ *My name is Dáithí*

d. Tá mo dhearthair____________________ d'aois
My brother is two years old

e. Tá mo dheirfiúr ________________ d'aois *My sister is four*

f. Ana __________________________ *Her name is Ana*

is ainm di	dhá bhliain	is ainm
ceithre bliana	ceithre bliana déag	is ainm dom

3. Translate into English

a. Tá mé aon bhliain d'aois

b. Tá tú cúig bliana d'aois

c. Tá mé seacht mbliana d'aois

d. Tá sé ocht mbliana d'aois

e. Tá sí deich mbliana d'aois

f. Tá mé trí bliana déag d'aois

4. Broken words

a. Ai_____ *Name*

b. ... is ainm d____ *My name is ...*

c. Mo dheir_______ *My sister*

d. Cúig bl_____ ______ *Fifteen years*

e. Seacht mb________ *Seven years*

f. T_____ bl_________ *Three years*

g. Na_____ *Nine*

h. De______ *Ten*

i. C_____ *Five*

5. Rank the people below from youngest to oldest

Tá Seán cúig bliana déag d'aois	
Tá Siún trí bliana d'aois	
Tá Máire dhá bhliain déag d'aois	
Tá Pól deich mbliana d'aois	
Tá Áine aon bhliain d'aois	1
Tá Ríona ocht mbliana d'aois	
Tá Tomás naoi mbliana déag d'aois	

6. For each pair of ages, choose which one is older

A	B	Older
Aon bhliain d'aois	Dhá bhliain d'aois	B
Ceithre bliana d'aois	Trí bliana d'aois	
Seacht mbliana déag d'aois	Ceithre bliana déag d'aois	
Trí bliana déag d'aois	Trí bliana d'aois	
Cúig bliana déag d'aois	Ocht mbliana déag d'aois	

Unit 1. Talking about age: READING

Siún is ainm dom. Is Éireannach mé. Tá mé dhá bhliain déag d'aois agus tá cónaí orm i nGaillimh. Tá deartháir amháin agam darb ainm Aindriú. Tá Aindriú ceithre bliana déag d'aois.

Riain is ainm dom. Is Francach mé. Tá mé naoi mbliana d'aois agus tá cónaí orm i bPáras. Tá deirfiúr amháin agam agus Isabel is ainm di. Tá deartháir amháin agam agus Ciarán is ainm dó. Tá siad dhá bhliain déag d'aois agus is cúpla iad.

Liam is ainm dom. Is Sasanach mé. Tá mé trí bliana déag d'aois agus tá cónaí orm i Londain, príomhchathair na tíre. Tá beirt deartháireacha agam. Tomás agus Joe is ainm dóibh.

Peadar is ainm dom. Is Spáinneach mé. Tá mé deich mbliana d'aois agus tá cónaí orm i Madrid. Tá deirfiúr amháin agam darb ainm Maria agus tá sí ceithre bliana d'aois. Freisin, tá deartháir amháin agam. Tá sé dhá bhliain d'aois.

1. Find the Irish for the following items in Siún's text

a. I am Irish

b. My name is ...

c. In Galway

d. Whose name is Aindriú

e. I am twelve years old

f. Fourteen years

2. Answer the following questions about Liam

a. Where is Liam from?

b. How old is he?

c. How many siblings does he have?

d. What are their names?

Máiréad is ainm dom. Is Gearmánach mé. Tá mé seacht mbliana d'aois agus tá cónaí orm i lár na cathrach móire. Tá deirfiúr amháin agam darb ainm Michelle. Tá sí ceithre bliana d'aois. Níl deartháir ar bith agam.

3. Complete the table below

Name	Age	Nationality	How many siblings	Ages of siblings
Peadar				
Riain				
Máiréad				

Josh is ainm dom. Is Éireannach mé. Tá mé cúig bliana déag d'aois agus tá cónaí orm i gCiarraí. Tá beirt deartháireacha agam. Tá Patrick deich mbliana d'aois agus tá Seosamh ocht mbliana déag d'aois.

4. Máiréad, Josh or Siún?

a. Who is German?

b. Who has a 14 year old brother?

c. Who is 15 years old?

d. Who lives in Kerry?

e. Who has an 18 year old brother?

Unit 1. Talking about age: TRANSLATION

1. Faulty translation: spot and correct (in the English) any translation mistakes you find below

a. Patricia is ainm dom *Her name is Patricia*

b. Tá deartháir amháin agam *I have two brothers*

c. Marta is ainm do mo dheirfiúr

My mother's name is Marta

d. Tá mo dheartháir cúig bliana d'aois

My sister is five years old

e. Tá mé cúig bliana déag d'aois *I am five years old*

f. Tá mo dheartháir ocht mbliana d'aois

My brother is seven years old

g. Níl deartháir ar bith agam *I don't have a sister*

h. Tá mé sé bliana d'aois *I am seventeen years old*

i. Tá mé dhá bhliain d'aois *I am thirteen years old*

2. Translate from Irish into English

a. John is ainm do mo dheartháir

b. Tá mé sé bliana déag d'aois

c. Tá mo dheartháir trí bliana d'aois

d. Marta is ainm do mo dheirfiúr

e. Tá mé seacht mbliana déag d'aois

f. Tá Eoin seacht mbliana d'aois

g. Tá mo dheirfiúr ceithre bliana d'aois

h. Tá Paraic cúig bliana déag d'aois

i. Tá Maria dhá bhliain déag d'aois

j. Tá Alex naoi mbliana d'aois

3. Translate from English into Irish

a. My name is Pól. I am six years old

b. My brother is fifteen years old

c. I am twelve years old

d. My sister's name is Úna

e. I am fourteen years old

f. I have a brother and a sister

g. My name is Fred and I am fourteen years old

h. My name is Gabriel and I am eleven years old

i. My name is Seán. I am ten years old

j. My sister's name is Ana. She is twelve years old

Unit 1. Talking about age: WRITING

1. Complete with suitable words

a. Pól is a______ d___

b. Tá mé sea______ mb_________ d'______

c. Tá deir_______ amh_________ ag_____

d. Joe is ai_____ do m___ dhea__________

e. Patrick is a_______ d___m

f. Oisín is a_______ do mo d______________

g. Tá mé t_í b_________ dé___ d'_______

h. Ana is a_____ do m___ dh__________r

2. Write out the ages in Irish

a. Nine years N____________________________

b. Seven years S____________________________

c. Twelve years D____________________________

d. Five years C____________________________

e. Fourteen years C____________________________

f. Sixteen years S____________________________

g. Thirteen years T____________________________

h. Four years C____________________________

3. Spot and correct the mistakes

a. Sarah is anm dm

b. Tá mé ceathre bhlian daois

c. Tá mo deirfiúr seacht bliain d'aois

d. Marc is ainm do mo dheirfiúr

e. Karen is ainm dó

f. Órla ainm di

4. Complete with a suitable word

a. Laura is __________ di

b. Tá sé trí ________ déag ______

c. Gearóid is _________ dom

d. Tá deirfiúr ________ darb ______ Ria

e. Tá _____________ agam darb ainm Máire

f. Tá _____________ agam darb ainm Mícheál

g. Paraic is ainm ________

5. Guided writing – write 4 short paragraphs in the first person singular ['I'] describing the people below

Name	Age	Lives in	Nationality	Brother's name and age	Sister's name and age
Samuel	12	Galway	Irish	Gary 9	Anna 8
Rebecca	15	Madrid	Irish	Jamie 13	Valerie 5
Michael	11	Paris	French	Thomas 7	Lucy 12
Frank	10	London	English	Ken 6	Rena 1

6. Describe this person in the third person:

Name: George

Age: 12

Lives in: Dublin

Brother: Marc, 13 years old

Sister: Susan, 15 years old

UNIT 2
Saying when birthdays are

In this unit you will learn to say:

- Where you and another person (e.g. a friend) are from
- When people are born
- Dates from 1st to 31st
- Months
- I am/He is/She is
- Where you live

UNIT 2
Saying when birthdays are

<table>
<tr>
<td>Siún is ainm dom
My name is Siún</td>
<td>Is as Gaillimh dom
I am from Galway

*Tá mé X d'aois
I am X years old</td>
<td>agus and

**rugadh mé ar an
I was born on the</td>
<td rowspan="2">gcéad lá 1st
dara lá 2nd
tríú lá 3rd
gceathrú lá 4th
gcúigiú lá 5th
séú lá 6th
seachtú lá 7th
ochtú lá 8th
naoú lá 9th
deichiú lá 10th
aonú lá déag 11th
dara lá déag 12th
tríú lá déag 13th
gceathrú lá déag 14th
gcúigiú lá déag 15th
séú lá déag 16th
seachtú lá déag 17th
ochtú lá déag 18th
naoú lá déag 19th
bhfichiú lá 20th
aonú lá is fiche 21st
dara lá is fiche 22nd
tríú lá is fiche 23rd
gceathrú lá is fiche 24th
gcúigiú lá is fiche 25th
séú lá is fiche 26th
seachtú lá is fiche 27th
ochtú lá is fiche 28th
naoú lá is fiche 29th
tríochú lá 30th
aonú lá is tríocha 31st</td>
<td rowspan="2">d'Eanáir
of January
d'Fheabhra
of February
de Mhárta
of March
d'Aibreán
of April
de Bhealtaine
of May
de Mheitheamh
of June
d'Iúil
of July
de Lúnasa
of August
de Mheán Fómhair
of September
de Dheireadh Fómhair
of October
de Shamhain
of November
de Nollaig
of December</td>
</tr>
<tr>
<td>Ciara is ainm do mo chara
My friend's name is Ciara

Gary is ainm do chara liom
My friend's name is Gary</td>
<td>Is as Cill Chainnigh dó/di
He/She is from Kilkenny

*Tá sé/sí X d'aois
He/She is X years old</td>
<td>agus and

**rugadh é/í ar an
he/she was born on the</td>
</tr>
<tr>
<td colspan="5">Author's note: *Don't forget! The spelling of bliain will change depending on how old the person is
** In Ulster Irish, the next word after ar an will take a h and not an urú</td>
</tr>
</table>

Unit 2. Saying when birthdays are: VOCABULARY BUILDING

1. Complete with the missing words

a. Gareth is ________ dom *My name is Gareth*

b. Maria is ainm do mo ______ *My friend's name is Maria*

c. Jamie is _____ do chara _____ *My friend's name is Jamie*

d. __________ mé ar an ... *I was born on the ...*

e. Ar ___ _________ ____ de Bhealtaine *On the 5th of May*

f. Ar an _______ ____ _______ de _____________________
On the 18th of November

g. Ar an gceathrú _______ ____________ *On the 4th of July*

h. Rugadh ______ ar an ... *He was born on the ...*

2. Match up

Aibreán	May
Samhain	My birthday
Nollaig	My friend
Bealtaine	April
Eanáir	November
Feabhra	His name is ...
Mo bhreithlá	December
Mo chara	My name is ...
Cara liom	February
... is ainm dom	January
... is ainm dó	My friend

3. Translate into English

a. Ar an gceathrú lá d'Eanáir

b. Ar an dara lá déag de Lúnasa

c. Ar an aonú lá is fiche de Nollaig

d. Ar an séú lá d'Aibreán

e. Ar an ochtú lá is fiche de Mheitheamh

f. Ar an seachtú lá déag de Mhárta

g. Ar an gcúigiú lá is fiche de Mheán Fómhair

h. Ar an tríochú lá de Shamhain

4. Add the missing letters

a. Brei__lá c. B__alt___ne e. Aib__án g. Ean__r i. Mei____amh k. ____laig

b. Feab____ d. Már__ f. Iú__ h. Lún___a j. De________h F______air

5. Broken words

a. A___ a___ t____ l__ d'____________
On the 3rd of Jan

b. A___ a___ g______ l__ d'__________
On the 5th of July

c. A___ a___ n______ l__ d__ L________
On the 9th of Aug

d. A___ a___ d____ l__ d______ d __ M________
On the 12th of March

e. A___ a___ s____ l__ d_______ d' __________
On the 16th of April

f. A___ a___ n______ l__ d______ d __ N__________
On the 19th of Dec

g. A___ a___ bh______ l__ d ___ D__________ F__________
On the 20th of Oct

6. Complete with suitable words

a. Dylan is ainm ________

b. _________ ___ ar an dara lá d'Iúil

c. Tá mé seacht __________ d'aois

d. Cian is ainm do mo__________

e. Tá Cian __________ bliana d'aois

f. Rugadh é ar an ________ _____ de Nollaig

g. ____________ _____ ar an aonú lá déag d'Fheabhra

h. Ronan is ainm do chara ______

i. ___________ ___ ar an séú lá is fiche de Shamhain

j. Greg is ainm _______

Unit 2. Saying when birthdays are: READING

Rob is ainm dom agus tá mé dhá bhliain déag d'aois agus tá cónaí orm in Uibh Fháilí. Rugadh mé ar an dara lá déag de Mheán Fómhair. Gabby is ainm do mo chara. Rugadh í ar an ochtú lá is fiche de Bhealtaine. Nuair a bhíonn am sa bhreis agam, casaim an giotar i gcónaí in éintí le Gabby. Carla is ainm do chara eile liom. Tá sí cúig bliana déag d'aois. Rugadh í ar an aonú lá is fiche de Mheitheamh agus tá deartháir aici atá níos sine ná í. Rugadh é ar an ochtú lá d'Eanáir.

Steve is ainm dom. Tá mé dhá bhliain déag d'aois. Rugadh mé ar an deichiú lá de Mheán Fómhair. Isabel is ainm do chara liom agus tá sí sé bliana déag d'aois. Rugadh í ar an ochtú lá is fiche de Bhealtaine. Féachann muid ar an teilifís le chéile.

Máire is ainm dom. Tá mé seacht mbliana déag d'aois agus tá cónaí orm i Liatroim. Rugadh mé ar an gcúigiú lá de Nollaig. Ta beirt deartháireacha agam, Jack agus Eric. Tá Jack aon bhliain déag d'aois agus is duine fíordheas é. Tá Eric trí bliana déag d'aois agus rugadh é ar an gcúigiú lá d'Eanáir. Is duine spórtúil é Eric.

Anthony is ainm dom. Tá mé ocht mbliana déag d'aois. Rugadh mé ar an naoú lá de Lúnasa. Sandra is ainm do mo dheirfiúr níos óige agus tá sí ceithre bliana d'aois. Is duine an-chairdiúil í. Rugadh í ar an naoú lá de Lúnasa, ar an dáta céanna liom!
Victor is ainm do chara liom agus tá sé seacht mbliana déag d'aois. Rugadh é ar an gcúigiú lá is fiche de Dheireadh Fómhair.

1. Find the Irish for the following items in Rob's text

a. My name is ...

b. I am 12 years old

c. I live in Offaly

d. I was born

e. On the 12th day of

f. When

g. Free time

h. My friend

i. My other friend's name is

j. She is 15 years old

k. On the 21st of June

l. Older than her

m. On the 8th of January

3. Answer these questions about Máire

a. How old is she?

b. Where does she live?

c. When was she born?

d. How many brothers does she have?

e. Which brother is very nice?

f. How old is Eric?

g. When was he born?

2. Complete with the missing words

Ana is ainm dom. Tá mé trí ________ déag d'aois agus tá cónaí _______ in iarthar na tíre. Rugadh mé _____ _____ gcúigiú ___ de Mheán ________. Colin is ainm do mo dheartháir agus tá sé dhá bhliain is fiche ________. Is duine an-chainteach _____.

4. Find someone who:

a. Was born in December

b. Is 12 years old

c. Was born on the same day as a sibling

d. Likes to play the guitar with their friend

e. Has a friend who is 15 years old

f. Was born in September

g. Has a younger sister

h. Has one very nice and one sporty sibling

i. Is from Leitrim

Unit 2. Saying when birthdays are: WRITING

1. Complete with the missing letters

a. Sophie is ai_ _ d_ _

b. Is Éire_ _ _ _ _ _ _ mé

c. Rug_ _h mé ar _ _ séú _ _ is fiche d'I_ _ _

d. Tá mé ceith_ _ bli_ _ _ dé_ _ _ _ _ _s

e. Ciara is ain_ do c_ _ _ _ _ li_ _

f. Is a_ Cill Chainnigh d_m

g. Is as Gaill_ _ _ do m_ c_ara Ayrton

h. Tá Paraic och_ mbli_ _ _ d'_ _ _ _

2. Spot and correct the spelling mistakes

a. Rugahd me ar an ceathrú lá de Eanáir

b. Pól is ainm dúinn

c. Is Éire mé

d. Caitlín is ainm do cara mé

e. Tá Gráinne trí bhliain d'éag daois

f. Tá me ocht blinan déag d'aois

g. Rugadh mé cúigiú lá Márta

h. Tá mé ocht bhliana d'aois

3. Answer the questions in Irish

a. Céard is ainm duit?

b. Cén aois thú?

c. Cathain a rugadh thú?

d. Cé mhéad deartháir nó deirfiúr atá agat?

e. Cathain a rugadh iad?

4. Write out the dates below in words as shown in the example

a. 02.05 = Ar an dara lá de Bhealtaine

b. 10.06 =

c. 19.03 =

d. 13.02 =

e. 27.12 =

f. 01.01 =

g. 22.11 =

5. Guided writing – write 4 short paragraphs in the first person singular ['I'] describing the people below

Name	City	Age	Birthday	Brother's name	Brother's birthday
Samuel	Galway	11	25.12	Seán	19.02
Ally	Cork	14	21.07	Frank	21.04
Aindriú	Dublin	12	01.01	Julian	20.06
Carl	Belfast	16	02.11	Mike	12.10

6. Describe this person in the third person:

Name: Cian

Age: 12

Lives in: Kilkenny

Birthday: 21.06

Brother: Joe, 16 years old

Birthday: 01.12

Unit 2. Saying when birthdays are: TRANSLATION

1. Faulty translation: spot and correct (in the English) any translation mistakes you find

a. Rugadh é ar an seachtú lá déag d'Aibreán
He was born on the 27th of April

b. Rob is ainm dom agus is Éireannach mé
Your name is Rob and you are Spanish

c. Tá mé deich mbliana d'aois *I am 9 years old*

d. Jordi is ainm do chara liom
My brother's name is Jordi

e. Tá sé cúig bliana déag d'aois
He is 16 years old

f. Rugadh í ar an gceathrú lá d'Eanáir
I was born on the 14th of April

2. Translate from Irish into English

a. Ar an ochtú lá déag de Dheireadh Fómhair

b. Rugadh mé ar an ...

c. ... is ainm do chara liom

d. Rugadh í ar an ...

e. Ar an dara lá d'Eanáir

f. Ar an gceathrú lá déag d'Fheabhra

g. Ar an gcúigiú lá is fiche de Nollaig

h. Ar an ochtú lá d'Iúil

i. Ar an gcéad lá de Mheitheamh

3. Phrase-level translation

a. My name is ...

b. I am ten years old

c. I was born on the ...

d. On the 7th of May

e. My friend's name is Bella

f. She is twelve years old

g. She was born on the ...

h. On the 23rd of August

i. On the 29th of April

j. My name is ...

4. Sentence-level translation

a. My name is Cian. I am 13 years old. I live in Ireland. I was born on the 11th of March.

b. My brother's name is Paraic. He is 14 years old. He was born on the 18th of August.

c. My friend's name is John. He is 12 years old and he was born on the 14th of January.

d. My friend's name is Angela. She is 18 years old and she was born on the 25th of July.

e. My friend's name is Anthony. He is 15 years old. He was born on the 24th of September.

UNIT 3
Describing hair and eyes

In this unit you will learn:

- To describe a person's hair and eyes
- To describe details about their faces (e.g. beard and glasses)
- Colours
- I wear
- X wears

You will also revisit:
- Common Irish names
- Numbers

UNIT 3
Describing hair and eyes

Áine **Báiréad** **Cúan** **Dáithí** **Eoin** **Liam** **Máire** **Órla** **Paraic** **Siún**	**... is ainm dom** *... is my name* **... is ainm duit** *... is your name* **... is ainm dó/di** *... is his/her name* **... is ainm do chara liom** *... is my friend's name* **... is ainm do mo chara** *... is my friend's name*	**agus** *and*	**tá mé** *I am* **tá tú** *you are* **tá sé/sí** *he/she is*	**trí bliana d'aois** *3 years old* **ocht mbliana d'aois** *8 years old* **aon bhliain déag d'aois** *11 years old* **ceithre bliana déag d'aois** *14 years old* **naoi mbliana déag d'aois** *19 years old*

Tá gruaig *There is hair which is*	**dhonn** *brown* **dhubh** *black* **fhionn** *blond* **ildaite** *multi-coloured* **liath** *grey* **rua** *red*	**an-ghearr** *very short* **chatach** *curly* **dhíreach** *straight* **fhada** *long* **ghearr** *short* **spíceach** *spiky*	**orm** *on me* **ort** *on you* **air** *on him* **uirthi** *on her* **ar X + h** *on X*

Tá súile *The eyes are*	**donna** *brown* **glasa** *green* **gorma** *blue*	**agam** *that I have* **agat** *that you have* **aige** *that he has* **aici** *that she has* **ag X** *that X has*	**agus** *and*	**caitheann X** *X wears* **ní chaitheann X** *X does not wear*	**spéaclaí** *glasses*
				tá *there is* **níl** *there isn't*	**crioméal** *a moustache* + **ar** **féasóg** *a beard* + **ar**

Unit 3. Describing hair and eyes: VOCABULARY BUILDING

1. Complete with the missing word

a. Tá gruaig d__________ orm — *I have brown hair*

b. Tá gruaig f__________ orm — *I have blond hair*

c. Tá f________ orm — *I have a beard*

d. Tá súile g________ agam — *I have blue eyes*

e. Ní chaithim s___________ — *I don't wear glasses*

f. Tá gruaig f__________ orm — *I have long hair*

g. Tá súile d________ agam — *I have brown eyes*

h. Tá gruaig r______ orm — *I have red hair*

2. Match up

Gruaig ghearr	Brown eyes
Súile gorma	A moustache
Súile glasa	Green eyes
Gruaig fhada	Brown hair
Spéaclaí	Short hair
Croiméal	Long hair
Gruaig fhionn	Red hair
Súile donna	Blond hair
Gruaig rua	Glasses
Gruaig dhonn	Blue eyes

3. Translate into English

a. Gruaig chatach

b. Súile gorma

c. Caitheann sé spéaclaí

d. Gruaig fhionn

e. Súile glasa

f. Gruaig rua

g. Súile donna

h. Gruaig dhubh

4. Add the missing letter

a. F_da b. Gear_ c. Gr_aig d. D_nn e. Ru_ f. Gla_ g. Ilda_te h. _ubh i. Li_th j. Spé_claí k. F_onn l. Fé_sóg

5. Broken words

a. T_ g_____ c _______ o___ — *I have curly hair*

b. C______________ s__________ — *I wear glasses*

c. T_ g_____ g _______ o____ — *I have short hair*

d. N___ c _________ o____ — *I don't have a moustache*

e. T_ s_____ d _______ a_____ — *I have brown eyes*

f. T___ f _________ o____ — *I have a beard*

g. T__ m__ o_____ m______ d'______ — *I am eight years old*

h. M______ i__ a_______ d____ — *My name is Maria*

i. T__ m__ n_____ m_______ d'______ — *I am nine years old*

6. Complete with a suitable word

a. Tá mé ocht _________ d'aois

b. Tá deirfiúr amháin ______

c. Aindriú is _____ dom

d. Tá mé ______ bliana d'aois

e. Tá gruaig _________ orm

f. Caitheann sí _________

g. Tá _______ donna agam

h. Tá ___________ dhubh orm

i. Níl ___________ orm

j. Tá ___________ fhada orm

k. Peadar is ________ dó

l. Tá mé aon _________ déag d'aois

Unit 3. Describing hair and eyes: READING

Marta is ainm dom. Tá mé dhá bhliain déag d'aois agus tá cónaí orm i mBaile Átha Cliath. Tá gruaig dhubh ghearr orm agus tá súile gorma agam. Caithim spéaclaí. Rugadh mé ar an deichiú lá de Mhárta. Tá gruaig dhíreach ar mo dheirfiúr.

Úna is ainm dom. Tá mé cúig bliana déag d'aois agus tá cónaí orm i Maigh Eo. Tá gruaig rua chatach fhada orm agus tá súile gorma agam. Ní chaithim spéaclaí. Rugadh mé ar an gcúigiú lá déag de Nollaig.

Alan is ainm dom. Tá mé naoi mbliana déag d'aois. Tá gruaig fhionn fhada orm agus tá súile donna agam. Níl féasóg orm. Rugadh mé ar an gcúigiú lá de Nollaig. Terry is ainm do mo dheartháir. Tá sé cúig bliana déag d'aois. Tá gruaig rua fhada air agus tá súile donna aige. Rugadh é ar an tríú lá de Shamhain. Is duine an-aclaí é.

Caitlín is ainm dom. Tá mé ocht mbliana d'aois. Tá gruaig dhonn chatach orm agus tá súile donna agam. Rugadh mé ar an naoú lá d'Iúil. Sa bhaile, tá trí pheata agam: capall, madra agus cat. Simon is ainm do dheartháir liom. Tá sé ceithre bliana déag d'aois. Tá gruaig fhionn fhada chatach air. Caitheann sé spéaclaí cosúil le m'athair. Rugadh é ar an dara lá d'Iúil. Is duine an-chliste é.

Pól is ainm dom. Tá mé deich mbliana d'aois. Tá cónaí orm i mBéal Feirste. Tá gruaig fhionn ghearr orm agus tá súile glasa agam. Rugadh mé ar an ochtú lá d'Aibreán.

1. Find the Irish for the following items in Marta's text

a. My name is ...

b. In

c. I wear glasses

d. I was born

e. On the 10th day of

f. I have

g. Straight hair

h. My sister

i. Blue eyes

2. Answer the following questions about Úna's text

a. How old is she?

b. Where does she live?

c. What colour is her hair?

d. Is her hair short or curly?

e. What length is her hair?

f. What colour are her eyes?

g. When was she born?

3. Complete with the missing words

Pól is ainm dó. Tá sé deich ________ d'aois agus tá cónaí ____ i mBéal Feirste. Tá _______ fhionn ghearr ______ agus tá súile glasa ________. Rugadh ____ ar an ochtú _____ d'Aibreán.

4. Find someone who: answer the questions below about all 5 texts

a. Has a brother whose name is Terry

b. Is eight years old

c. Was born on the 9th of July

d. Wears glasses

e. Has red hair and blue eyes

f. Has a very intelligent brother

g. Was born in April

h. Has brown curly hair and brown eyes

Unit 3. Describing hair and eyes: TRANSLATION

1. Faulty translation: spot and correct (in the English) any translation mistakes you find

a. Tá súile glasa agam *I have black eyes*

b. Tá súile donna aige *She has brown eyes*

c. Tá féasóg orm *He has a beard*

d. Pat is ainm dó *My name is Pat*

e. Tá gruaig fhada ort *I have long hair*

f. Tá súile gorma agam *I have green eyes*

g. Is as Cill Chainnigh di *I am from Kilkenny*

2. Translate from Irish into English

a. Tá gruaig fhionn orm

b. Tá súile donna agam

c. Tá gruaig fhada orm

d. Caitheann sé spéaclaí

e. Tá féasóg air

f. Ní chaitheann sí spéaclaí

g. Níl croiméal orm

h. Tá gruaig dhíreach orm

i. Tá gruaig ildaite orm

3. Phrase-level translation

a. Blond hair

b. My name is ...

c. I have long hair

d. Green eyes

e. Straight hair

f. He has blue eyes

g. Ten years

h. I have brown eyes

i. I am nine years old

j. Blue eyes

k. Black hair

4. Sentence-level translation

a. My name is Mark. I am ten years old. I have black curly hair and blue eyes.

b. I am twelve years old. I have green eyes and blond straight hair.

c. My name is Ana. I live in Dublin. I have blond long hair and brown eyes.

d. My name is Orla. I live in Armagh. I have black curly very short hair.

e. I am fifteen years old. I have blond curly short hair and green eyes.

f. I am thirteen years old. I have red straight long hair and brown eyes.

Unit 3. Describing hair and eyes: WRITING

1. Split sentences

Tá gruaig fhada	ildaite orm
Tá	ainm dom
Tá súile	féasóg orm
Tá gruaig	mbliana d'aois
Níl féasóg	donna agam
Ayrton is	orm
Tá mé deich	ar Dháithí

2. Rewrite the sentences in the correct order

a. gruaig orm chatach Tá

b. Caitheann spéaclaí sí

c. is Rob dó ainm

d. rua Tá fhada orm gruaig

e. Tomás dheartháir ainm mo is do

3. Spot and correct the grammar and spelling errors

a. Tá súile donna orm

b. Alex is aim do mo dearthháir

c. Tá gruaig díreach agam

d. Máire is ainm dó

e. Tá mé deich bliain d'aois

f. Tá gruaig catach agam

g. Tá súile donn agam

h. Tá féasóg aige

i. Tá súile gorma ort

j. Níl croiméal aige

4. Anagrams

a. ielsú =

b. rimcolaé =

c. bhudh =

d. analib =

e. rgaom =

f. éasfgó =

g. galsa =

h. rgiuag =

5. Guided writing – write 3 short paragraphs in the first person singular ['I'] describing the people below

Name	Age	Hair	Eyes	Glasses	Beard	Moustache
Laura	12	Brown Curly Long	Green	Wears	Does not have	Does not have
Ana	11	Blond Straight Short	Blue	Does not wear	Does not have	Does not have
Brian	20	Red Curly Long	Brown	Wears	Has	Has

6. Describe this person in the third person:

Name: Jeaic

Age: 25

Hair: black curly very short

Eyes: brown

Glasses: no

Beard: yes

UNIT 4
Saying where a person is from and living

In this unit you will learn to talk about:

- Where a person is from and living
- If you live in an apartment or a house
- What your accommodation is like
- Where it is located
- The names of renowned cities and counties in Ireland

You will also revisit:

- Introducing yourself
- Telling age and birthday

UNIT 4
Saying where a person is from and living

Seán is ainm dom agus... *My name is Seán and...*	**tá cónaí orm** *I live*	**i dteach** *in a house*	**galánta** *beautiful* **gránna** *ugly* **mór** *big* **beag** *small*	**i lár an bhaile** *in the town centre* **ar imeall an bhaile** *on the edge of town* **ar an gcósta** *on the coast*
		in árasán *in a flat*	**i seanfhoirgneamh** *in an old building* **i bhfoirgneamh nua-aimseartha** *in a modern building*	
	is as *am/is from*	**An Dún** **An Iarmhí** **An Lú** **Ciarraí** **Corcaigh** **Doire** **Gaillimh** **Laois** **Liatroim** **Luimneach** **Maigh Eo** **Sligeach** **Uibh Fháilí**	**i dtuaisceart na hÉireann** *in the north of Ireland* **i ndeisceart na hÉireann** *in the south of Ireland* **in oirthear na hÉireann** *in the east of Ireland* **in iarthar na hÉireann** *in the west of Ireland* **in oirthuaisceart na hÉireann** *in the northeast of Ireland* **in iarthuaisceart na hÉireann** *in the northwest of Ireland* **in oirdheisceart na hÉireann** *in the southeast of Ireland* **in iardheisceart na hÉireann** *in the southwest of Ireland* **i lár na tíre** *in the midlands* **i gCúige Laighean** *in Leinster* **i gCúige Mumhan** *in Munster* **i gCúige Chonnacht** *in Connaught* **i gCúige Uladh** *in Ulster*	**dom** *me* **dó** *he* **di** *she*

Unit 4. Saying where a person is from and living: VOCABULARY BUILDING

1. Complete with the missing word

a Tá cónaí _______ i dteach galánta	*I live in a beautiful house*
b. Is maith liom m'_________	*I like my flat*
c. Is ___ Loch Gorman ______	*I am from Wexford*
d. Tá _______ ____ in árasán beag	*I live in a small flat*
e. Is seanfhoirgneamh é ___ ______	*My house is an old building*
f. Is as ____________ dom	*I am from Galway*
g. Tá cónaí orm i _________ gránna	*I live in an ugly house*
h. Tá _______ orm ar ________ an bhaile	*I live on the edge of town*

2. Match up

Ar an gcósta	Big
Tá cónaí orm	Small
Gránna	Old
An lár	A flat
Foirgneamh	A building
Mór	The centre
Sean	On the edge of town
Ar imeall an bhaile	On the coast
Árasán	Ugly
Beag	I live

3. Translate into English

a. Is as Cill Chainnigh dom

b. Tá cónaí uirthi i dteach beag

c. Tá cónaí orm ar imeall an bhaile

d. Is as Cúige Laighean dom

e. Tá cónaí ort i dteach nua-aimseartha

f. Is as Uibh Fháilí i lár na tíre dom

g. Is as Maigh Eo ar an gcósta dom

h. Is as an Lú in oirthear na hÉireann dom

4. Add the missing letters

a. Cill D_r_   c. Cúi_e Mu_ _an   e. Cú_ge Ul_dh   g. C_ar_aí   i. An _armh_

b. An D_n   d. C_rcaig_   f. L_atroi_   h. S_igeac_   j. Ma_gh E_

5. Broken words

a. I____ a___L________, i___l ____ n_____ t______, d______
I am from Laois, in the midlands

b. T___ c______ o____ i d_______ m____ *I live in a big house*

c. I__ a___ S________, i_ i__________ n___ h__________, d___
I am from Sligo, in the north west of Ireland

d. T__ c_______ o___ i__ á_________ a__ c____ n__ h_______
I live in a flat on the coast of Ireland

e. T___ c___ o____ i d______ b________ ach g__________
I live in a small but beautiful house

f. I__ a_ a_ D______ d____ agus t___ c_______ o___ i s_________________
I am from Down and I live in an old building

6. Complete with a suitable word

a. Is ____ Baile Átha Cliath dom

b. Tá ________ orm i dteach mór

c. Is as Ciarraí ___________

d. Tá cónaí air in __________

e. Tá an Iarmhí i gCúige ___________

f. Tá cónaí uirthi i d_____________

g. Is as ______________ dom

h. Tá Ciarraí i nd_______ na hÉireann

i. Is as Longfort __________

j. Tá Liatroim in ________ na hÉireann

k. Is as Doire __________

Unit 4. GEOGRAPHY TEST: Using your own knowledge (and a bit of help from Google/your teacher) match the numbers to the counties

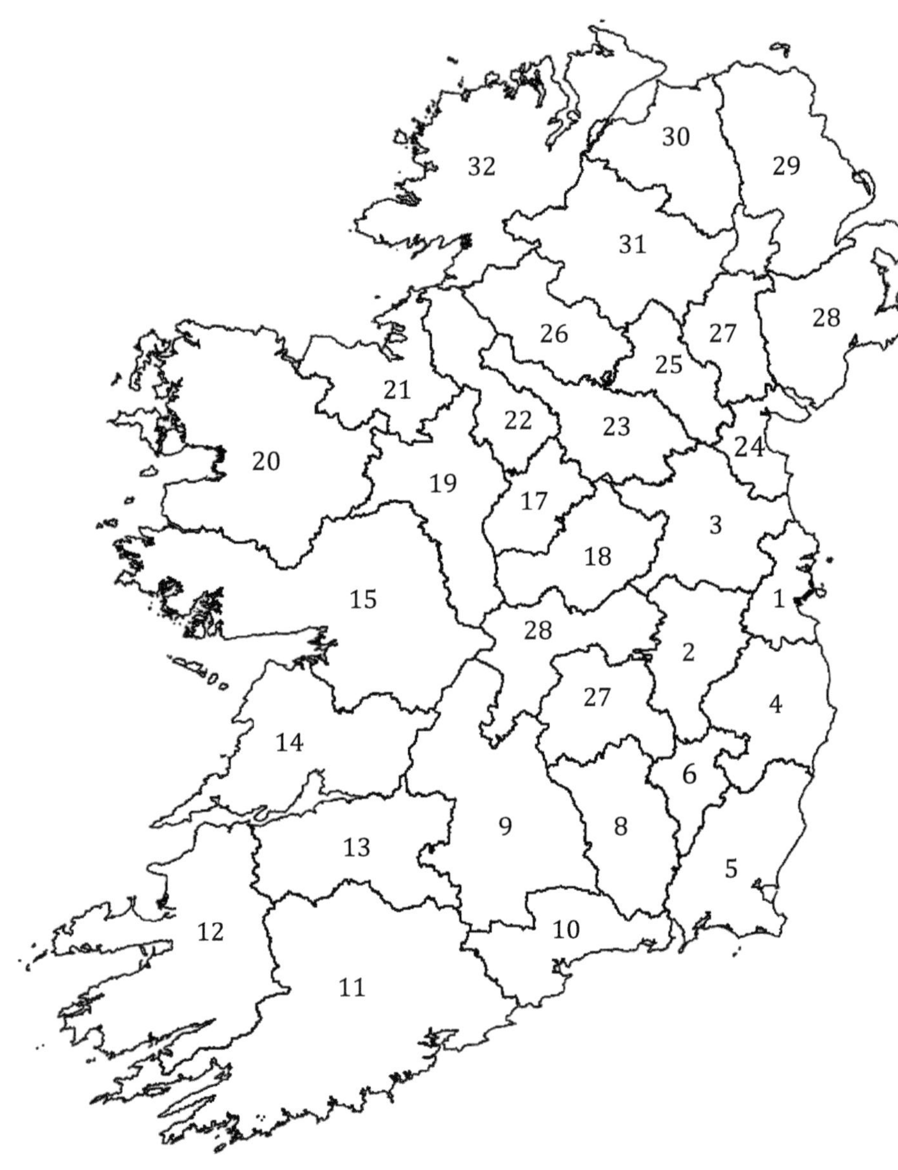

Uimhir	Contae
1	
2	
3	
4	
5	
6	
7	
8	
9	
10	
11	
12	
13	
14	
15	
16	
17	
18	
19	
20	
21	
22	

Uimhir	Contae	Uimhir	Contae
23		28	
24		29	
25		30	
26		31	
27		32	

Unit 4. Saying where a person is from and living: READING

Haigh, Cormac is ainm dom agus tá mé ocht mbliana déag d'aois. Rugadh mé ar an gceathrú lá de Nollaig. Is as iarthar na hÉireann dom ach tá cónaí orm in oirthear na tíre i gCo. Chill Dara. Tá cónaí orm i dteach mór galánta i lár an bhaile. Réitím le mo dheartháireacha Liam agus Peadar. Is maith liom Liam ach is féidir le Peadar a bheith fiosrach. Tá cónaí ar chara liom Jeaic i mBaile Átha Cliath in árasán beag.

Dia duit, Orla is ainm dom agus tá mé aon bhliain déag d'aois agus rugadh mé ar an dara lá d'Iúil. Is as Dún na nGall, i dtuaisceart na hÉireann, dom. Tá Dún na nGall i gcúige Uladh chomh maith leis sin. Tá cónaí orm in árasán mór ar imeall an bhaile agus is breá liom é mar go bhfuil an foirgneamh nua-aimseartha.

Tá madra amháin agam. Jackie is ainm dó agus tá sé an-mhór ach tá sé ceanndána. Rugadh é ar an gcéad lá d'Aibreán agus tá sé trí bliana d'aois i mbliana. Is maith liom gach saghas ainmhí agus tá damhán alla agam freisin. Teddie is ainm dó agus tá sé aon bhliain d'aois. Tá sé beag bídeach.

Dia duit, Matthew is ainm dom. Tá mé cúig bliana déag d'aois agus rugadh mé ar an séú lá is fiche d'Aibreán. Tá cónaí orm in árasán beag ar an gcósta i gCo. Chiarraí i ndeisceart na hÉireann. Is foirgneamh nua-aimseartha é.

Dia daoibh, Ríona is ainm dom agus is déagóir mé. Tá mé ceithre bliana déag d'aois agus rugadh mé ar an tríú lá de Mheitheamh. Tá cónaí orm i dteach beag gránna ar imeall an bhaile. Is fuath liom é! Tá mo Mham, mo Dhaid agus mo bheirt deirfiúracha ina gcónaí ann freisin. Tá cat amháin againn. Fluffy is ainm di agus tá sí sé bliana d'aois.

1. Find the Irish for the following in Orla's text

a. My name is ...

b. I am 11 years old

c. I live in

d. A big flat

e. On the edge of town

f. On the 2nd of July

g. I have one dog

h. He is very big

i. He was born on the 1st of April

j. He is 3 years old

k. I have a spider also

2. Complete the statements below based on Cormac's text

a. I am ________ years old

b. I was born on the _____ of ______________

c. I live in a _________ house

d. My house is in the town ___________

e. I like Liam but Peadar can often be _____________

f. My friend Jeaic ________ in Dublin

g. He lives in a small _____________

3. Answer the questions on the four texts above

a. Who hates where they live?

b. How many people does Ríona live with?

c. Who thinks one of his siblings is inquisitive?

d. Who has two pets?

e. Who has a friend who lives in a small flat?

f. How old is Orla's pet spider?

g. Who lives in the south of Ireland in a flat?

h. Who is from the west but lives in the east?

i. Who was born on the 26th of April?

4. Correct any of the statements below about Ríona's text which are incorrect

a. Tá cónaí uirthi i dteach mór galánta

b. Tá dhá chat aici

c. Tá sí ceithre bliana is fiche d'aois

d. Tá cónaí uirthi i lár an bhaile

e. Rugadh í ar an tríú lá de Shamhain

f. Tá beirt deartháireacha aici

Unit 4. Saying where a person is from and living: TRANSLATION/WRITING

1. Translate into English

a. Tá cónaí air

b. Teach mór galánta

c. Árasán beag

d. Cúige Laighean

e. Seanfhoirgneamh

f. Damhán alla

g. Fiosrach

h. Is fuath liom é

i. I lár an bhaile

j. In oirthuaisceart na hÉireann

k. Is as Maigh Eo di

l. Oisín is ainm dom

m. I lár na tíre

n. Ar imeall an bhaile

2. Gapped sentences

a. Tá cónaí orm i d_________ gránna *I live in an ugly house*

b. Árasán i bhfoirgneamh ___________ *A flat in a big building*

c. Tá cónaí ______ in árásan beag *I live in a small flat*

d. Teach ar _________ an _________ *A house on the edge of town*

e. _____ ___ Uibh Fháilí, i lár na tire, _______
I am from Offaly, in the midlands

3. Complete the sentences with a suitable word

a. Tá cónaí orm i ____________ mór ach gránna

b. Is as Port Láirge, in o_________________ na hÉireann, dom

c. Tá cónaí uirthi in _________ ar imeall an ____________

d. Is seanfhoirgneamh é an _____________ seo

e. _____ as Tiobraid Árann _________

f. Tá cónaí _____________ i lár na _______________

4. Phrase-level translation [En to Ir]

a. I live in

b. I am from ...

c. A house

d. A flat

e. Ugly

f. Small

g. In an old building

h. In the town centre

i. On the edge of town

j. On the coast

k. In Connaught

5. Sentence-level translation [En to Ir]

a. I am from Wicklow, in the east of Ireland. I live in a big beautiful house on the edge of town.

b. I am from Cork, in Munster. I live in a small ugly flat in the town centre.

c. I am from Tyrone, in the north of Ireland. I live in a flat in a new building. My flat is big but ugly.

d. I am from Sligo, in the northwest of Ireland. I live in a flat in an old building on the edge of town. I like my flat.

Unit 4. Saying where a person is from and living: WRITING

1. Complete with the missing letters

a. C__ __ ge Ch__ nnach__

b. Is __ __ Aontroim do__

c. T__ c__ naí ort i d__each m__r

d. __ __ as __ __ige Mu__ __an dom

e. Is __uath li__ __ an s__ __nfhoirg__ __amh

f. __á cónaí or__ i gCill D__ r__

g. Is a__ C__ __ ge Ul__ d__ d__m

h. Tá c__ __ __í o__ __ i l__ r na t__ __ __

2. Spot and correct the spelling mistakes

a. Is as Ciarraí doim

b. Tá cónai orn i dtaech mór

c. Is ad Cúige Uladh dom

d. Tá cónaí arm i árasán beag

e. Tá Corcaigh i oirthaer na hÉirinn

f. Is ad Cúige Munham dom

g. Tá cónaí orm i lár na tír

h. Is as an Dún doam

3. Answer the questions in Irish

a. Céard is ainm duit?

b. Cathain a rugadh thú?

c. Cén aois thú?

d. Cá bhfuil cónaí ort?

e. Cén contae ina bhfuil cónaí ort?

f. Déan cur síos ar do theach

4. Anagrams (counties in Ireland)

a. nA Crlá = An Clár

b. Cgohraic =

c. nA Irmíha =

d. riaraíC =

e. lCil Drar =

f. írT ghEoian =

g. reFa naMcha =

h. Lchuinema =

i. lilC haignnChi =

j. nA Lú =

5. Guided writing – write 4 short paragraphs in the first person singular ['I'] describing the people below

Name	Age	Birthday	County of origin	County of residence
Pádraig	12	20.06	Louth	Meath
Alice	14	14.10	Leitrim	Longford
Niamh	11	05.01	Tipperary	Galway
Caroline	13	17.05	Kilkenny	Waterford
Róisín	15	19.10	Cork	Kerry

6. Describe this person in the third person:

Name: Maidhc
Age: 16
Birthday: 15.03
County of origin: Wexford
County of residence: Dublin

UNIT 5

Talking about my family members, saying their age and how well I get along with them. Counting to 100.

Revision quickie – Numbers/Dates/Birthdays

In this unit you will learn to talk about:

- How many people are in your family and who they are
- If you get along with them
- Words for family members
- Their ages
- Numbers from 20 to 100

You will also revisit

- Numbers from 1 to 19
- Hair and eyes description

UNIT 5

Talking about my family members, saying their age and how well I get along with them. Counting to 100.

<table>
<tr>
<td rowspan="5">***Tá .... i mo theaghlach**
There are ... in my family

Tá cúigear i mo theaghlach,
There are five people in my family,

Réitím go maith le ...
I get along well with ...

Ní réitím go maith le ...
I don't get along with ...</td>
<td rowspan="5">**mo sheanathair, James**
my grandfather, James

m'athair, Alex
my father, Alex

m'uncail, Pat
my uncle, Pat

mo dheartháir níos sine/óige, Kevin
my older/younger brother, Kevin

mo chol ceathrar, Oisín
my cousin, Oisín

mo sheanmháthair, Annie
my grandmother, Annie

mo mháthair, Amy
my mother, Amy

m'aintín, Kitt
my aunt, Kitt

mo dheirfiúr níos sine/óige, Sinéad
my older/younger sister, Sinéad</td>
<td rowspan="5">**Tá mé**
I am

Tá sé
He is

Tá sí
She is</td>
<td>**aon** *1*
dhá *2*</td>
<td>**bhliain**
year(s)</td>
<td rowspan="3">**is fiche** *20*
is tríocha *30*
is daichead *40*
is caoga *50*
is seasca *60*
is seachtó *70*
is ochtó *80*
is nócha *90*
is céad *100*</td>
<td rowspan="5">**d'aois**
old</td>
</tr>
<tr>
<td>**trí** *3*
ceithre *4*
cúig *5*
sé *6*</td>
<td>**bliana**
years</td>
</tr>
<tr>
<td>**seacht** *7*
ocht *8*
naoi *9*
deich *10*</td>
<td>**mbliana**
years</td>
</tr>
<tr>
<td colspan="3">**aon bhliain déag** *11 years*
dhá bhliain déag *12 years*
trí bliana déag *13 years*
ceithre bliana déag *14 years*
cúig bliana déag *15 years*
sé bliana déag *16 years*
seacht mbliana déag *17 years*
ocht mbliana déag *18 years*
naoi mbliana déag *19 years*</td>
</tr>
<tr>
<td>**fiche** *20*
tríocha *30*
daichead *40*</td>
<td colspan="2">**bliain**
years</td>
</tr>
<tr>
<td colspan="7">***Author's note:*** **Please be careful when* ***counting people*** *... see* ***page 96***</td>
</tr>
</table>

Unit 5. Talking about my family + Counting to 100: VOCAB BUILDING

1. Complete with the missing words

a. Tá .... i mo ____________ *There are ... in my family*

b. Tá _________ i mo theaghlach *There are 5 in my family*

c. Mo ____________, Seosamh *My grandfather, Seosamh*

d. Tá mo sheanathair ________ bliain d'aois *My grandfather is 80*

e. Mo ___________, Angela *My mother, Angela*

f. Tá sí __________ bliain d'aois *She is 50 years old*

g. Réitím ___ ______ le m'aintín *I get along well with my aunt*

2. Match up the years

Ocht mbliana is fiche	12
Trí bliana déag	28
Deich mbliana	13
Trí bliana is tríocha	16
Cúig bliana	10
Dhá bhliain is caoga	21
Sé bliana déag	15
Aon bhliain is fiche	5
Cúig bliana déag	33
Dhá bhliain déag	52

3. Translate into English

a. Ní réitím go maith le

b. Mo sheanmháthair, Eibhlín

c. Réitím go maith le m'uncail

d. Tá triúr i mo theaghlach

e. I mo theaghlach

f. Réitíonn sé go maith le

g. Tá m'athair daichead bliain d'aois

h. Tá sí ocht mbliana d'aois

4. Add the missing letter

a. Tea_hlach

b. Sean_thair

c. Cúig_ar

d. Be_rt

e. Deartha_r

f. Nóc_a

g. M_thair

h. Deir_iúr

i. Réitío_n

j. A_hair

k. Seis_ar

l. Dei_h

5. Broken words

a. T____ c_________ i m__ t_______________
There are 5 people in my family

b. T__ m____ d_______ d______ b_______ d______ d_______
My sister is 12 years old

c. T____ ... i m__ t_____________ *There are ... in my family*

d. ... i__ a___ d__ m___c ______c___________
My cousin's name is ...

e. T__ m_________ c_______ b_________ i__ c________ d______
My father is 55 years old

f. N__ r______________ g__ m_________ l___ m____
d_________ n______ s_______
I don't get along well with my older brother

6. Complete with a suitable word

a. Tá ________ i mo theaghlach

b. ___ triúr i mo theaghlach

c. Maria is ______ do mo dheirfiúr

d. Tá sí ceithre _______ d'aois

e. Tá m'aintín cúig _______ is tríocha d'aois

f. Réitím go _________ le m'athair

g. Tá ceathrar i mo _______________

h. Réitím ___ maith le m'uncail

i. Ní ___________ go maith le m'aintín

j. Tá mo dheirfiúr fiche ________ d'aois

k. Réitím go maith ___ mo chara

Unit 5. Talking about my family + Counting to 100: VOCABULARY DRILLS

1. Match up

Réitím go maith	There are
Teaghlach	In my
Tá	With
Seisear	A family
Le	I get along well
I mo	Six people

2. Complete with the missing word

a. Tá ________ i mo theaghlach *There are five people in my family*

b. Tá m'athair, John, seasca ________ d'aois *My father, John, is 60 years old*

c. ____________ go maith le m'uncail *I get along well with my uncle*

d. Ní réitím go ________ le ... *I don't get along well with my ...*

e. Tá _____ daichead ________ d'aois *She is 40 years old*

f. Tá sé ocht ________ déag d'aois *He is 18 years old*

g. Tá sí sé bliana is ________ d'aois *She is 26 years old*

h. Tá mo chara _______ bliain d'aois *My friend is 20 years old*

3. Translate into English

a. Tá sé naoi mbliana d'aois

b. Tá sí trí bliana déag d'aois

c. Tá m'athair ceithre bliana is daichead d'aois

d. Ní réitím go maith le m'uncail

e. Réitím go maith le m'athair

f. Tá mo dheirfiúr níos óige cúig bliana d'aois

g. Tá ochtar i mo theaghlach

4. Complete the gapped translations

a. Mo dhearthάir n____ s_____ *My older brother*

b. Tá t________ i mo t______________
There are 3 people in my family

c. Tá mo c_____ c_________ ocht m________ déa_ d'aois
My cousin is 18 years old

d. ___ réitím go maith le mo dheartháir
I don't get along well with my brother

e. Tá m'________ da________ bli______ d'aois
My uncle is 40 years old

f. ____________ go maith le mo chol ceathrar
I get along well with my cousin

g. Tá mo c____ c__________ cúi_ b_____a dé___ d'aois
My cousin is 15 years old

h. Tá cúi________r i mo the__________ch
There are 5 people in my family

5. Translate into Irish

a. In my family

b. There are 5 people

c. My father is

d. 40 years old

e. I get along well

f. With

6. Spot and correct the errors

a. Tá trí i mo teaghlach

b. Mo seanmáthair

c. Tá mo dheartháir naoi bhliain d'aois

d. Níor réitím go maith mo chol ceathar

e. Ta mo dheirfiúr ocht bliana d'aios

f. Mo seanathar, Dáithí

Unit 5. Talking about my family + Counting to 100: TRANSLATION

1. Match up

Fiche	30
Tríocha	70
Daichead	100
Caoga	50
Seasca	20
Seachtó	80
Ochtó	40
Nócha	60
Céad	90

2. Write out the ages in Irish

a. 35 = Cúig bliana is tríocha d'aois

b. 63 = T

c. 89 = N

d. 74 = C

e. 98 = O

f. 100 = C

g. 82 = D

h. 24 = C

i. 17 = S

3. Write in the missing words

a. Tá mé aon bhliain ______ ______________ d'aois

I am 31 years old

b. Tá m'athair seacht ______________ ____ ___________ d'aois

My father is 57 years old

c. Tá mo mháthair ocht ______________ ___ ____________ d'aois

My mother is 48 years old

d. Tá mo sheanathair __________ ______________ d'aois

My grandfather is 100 years old

e. Tá m'uncail dhá _____________ ____ _______________ d'aois

My uncle is 62 years old

f. Tá siad _______________ _______________ d'aois

They are 90 years old

4. Correct the English translation errors

a. Tá m'athair seachtó bliain d'aois *My father is forty years old*

b. Tá mo mháthair ocht mbliana is caoga d'aois
My mother is fifty two years old

c. Tá muid trí bliana is daichead d'aois
We are forty two years old

d. Tá mé aon bhliain is seasca d'aois *I am thirty one years old*

5. Translate into Irish (please write out the numbers in words)

a. There are six people in my family

b. My mother's name is Susana and she is 43 years old

c. My father's name is Paul and he is 48 years old

d. My older sister's name is Juile and she is 31 years old

e. My younger sister's name is Ana and she is 18 years old

f. My name is Paraic and I am 27 years old

g. My grandfather's name is Aindriú and he is 87 years old

Unit 5. Talking about my family + Counting to 100: Writing

1. Spot and correct the spelling mistakes

a. Daichaed = Daichead

b. Aon bliain is tríohca =

c. Dhá bhliain is ocht =

d. Aon bliana is fihce =

e. Nóhac =

f. Sé bhliain déag =

g. Seact bliana déag =

h. Dech mbliaina =

2. Complete with the missing letters

a. Tá m'ath_ _r daic_ _ _d b_ _ _ _n d'_ _ _ _

b. Tá mo mhá_ _ _ ir a_n bhli_ _n is fich_ d'_ois

c. T_ m_ sheantuismit_ _ oirí och_ó bl_ _ _n d'aois

d. Tá mo dhear_ _ _ _r fic_e blia_n d'aoi_

e. Tá _o sheanmhá_ _ _ _ _ nóch_ bli_ _n d'aois

f. Tá mo dheirf_ _ _ trí_ _ _a bl_ _in d'_ois

3. Rearrange the sentence below in the correct word order

a. ceathrar Tá mo theaghlach i
There are four people in my family

b. le réitím go maith dheartháir mo Ní
I don't get along well with my brother

c. m'athair darb is dhá caoga Mike bhliain ainm Tá d'aois *My father, whose name is Mike, is fifty two years old*

d. m'athair, mé féin Tá i theaghlach, mo agus mháthair, triúr *There are three people in my family, my mother, my father and myself*

e. mo seacht ainm darb chol ceathrar Tá Pól mbliana tríocha is d'aois *My cousin, whose name is Pól, is thirty seven years old*

f. seacht Tá mo d'aois sheanathair ochtó is mbliana ainm darb Fred *My grandfather, whose name is Fred, is eighty seven years old*

4. Complete

a. In my family I m__ t________________

b. There are T_____

c. Who is called D_____ a_________

d. My mother M__ m_________

e. My father M'____________

f. He is fifty T___ s____ c______ b________ d_____

g. I am sixty T___ m____ s______ b________ d_____

h. He is forty T__ s____ d_________ b________ d____

5. Write a relationship sentence for each person as shown in the example

e.g. Tá mo chara, darb ainm Pól, fiche bliain d'aois agus réitím go han-mhaith leis

Name	Relationship to me	Age	How I get along with them
e.g. Pól	***friend***	***20***	***very well***
Stiofán	father	57	well
Ana	mother	45	not well
Audrey	aunt	60	quite well
Emmet	uncle	67	not well
Mike	grandfather	75	very well

Revision Quickie 1:
Numbers 1-100/Dates and Birthdays/Hair and Eyes/Family

1. Match up

Cúig bliana déag	11
Dhá bhliain déag	12
Sé bliana déag	13
Ocht mbliana déag	14
Aon bhliain déag	15
Naoi mbliana déag	16
Ceithre bliana déag	17
Fiche bliain	18
Seacht mbliana déag	19
Trí bliana déag	20

2. Translate the dates into English

a. Ar an tríochú lá d'Iúil

b. Ar an gcéad lá de Mheitheamh

c. Ar an gcúigiú lá déag de Mheán Fómhair

d. Ar an dara lá is fiche de Mhárta

e. Ar an gcéad lá is tríocha de Nollaig

f. Ar an gcúigiú lá d'Eanáir

g. Ar an séú lá déag d'Aibreán

h. Ar an naoú lá is fiche d'Fheabhra

3. Complete with the missing words

a. ________ mé ar an gcúigiú lá déag d'Aibreán

b. Tá mé cúig bliana ________ d'aois

c. Tá gruaig ________ ar mo dheartháir

d. Céard is ________ duit?

e. ____ cúigear i mo theaghlach

f. Tá __________ dhonn ar mo mháthair

g. Is as Éirinn ______

h. Roibeárd is ainm do dhearthair ______

Rugadh	dom	Tá	dhonn
liom	gruaig	déag	ainm

4. Write out the solution in words as shown in the example

a. daichead – tríocha = deich

b. cúig déag – trí =

c. fiche – cúig =

d. fiche x cúig =

e. ochtó - fiche a haon =

f. nócha ÷ tríocha =

g. tríocha x trí =

h. fiche a dó + cúig déag =

i. seasca + seacht =

5. Complete the words

a. Mo sh_____________ *My grandfather*

b. Mo ch____ c____________ *My cousin*

c. S_______ *Eyes*

d. Gl____ *Green*

e. Cr__________ *Moustache*

f. Sp_________ *Glasses*

g. Mo dhe_________ *My sister*

h. T_______ *There are*

6. Translate into English

a. Tá gruaig dhonn ar mo mháthair

b. Tá súile gorma agam

c. Tá mé daichead bliain d'aois

d. Tá mo sheanathair nócha bliain d'aois

e. Caitheann m'athair spéaclaí

f. Tá croiméal ar mo dheartháir

g. Tá gruaig dhubh ar mo dheirfiúr

h. Tá súile glasa ag mo dheirfiúr

UNIT 6: (Part 1/2)
Describing myself and other family members (physical and personality)

In this unit you will learn:

- What your immediate family members are like
- Useful adjectives to describe them
- How to use An Chopail to describe family members
- How to use An Aidiacht Shealbhach to say *'my'*

You will also revisit

- Numbers
- Hair and eyes description

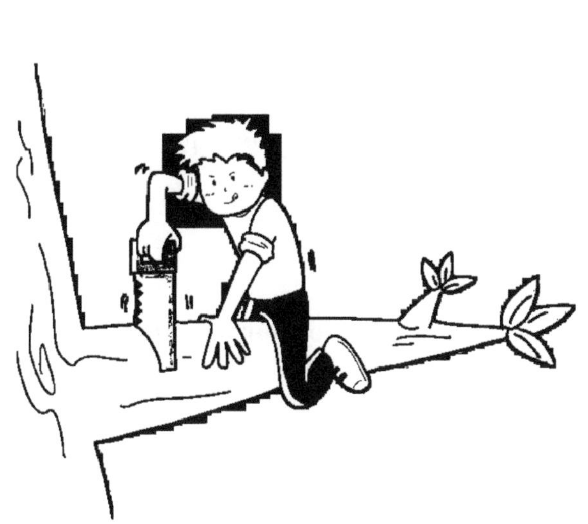

UNIT 6 (Part 1/2)
Intro to describing myself and family members

<table>
<tr>
<td rowspan="4">Is duine ...
... person is

Ní duine ...
... person is not

An duine ...
... is person (?)</td>
<td rowspan="4">aclaí fit
ard tall
beag small
cainteach chatty
cairdiúil friendly
ceanndána stubborn
cneasta kind/nice
dathúil handsome/pretty
deas nice
dícheallach/ díograiseach hard-working
fiosrach inquisitive
flaithiúil generous</td>
<td rowspan="4">gránna ugly
greannmhar funny
íseal short
láidir strong
leadránach boring
maith good
míchairdiúil unfriendly
olc bad
ramhar fat
spraíúil fun
tanaí slim
uafásach mean
ionraic honest</td>
<td colspan="2">mé me</td>
</tr>
<tr>
<td colspan="2">thú you</td>
</tr>
<tr>
<td>é</td>
<td>mo Dhaid my Dad
mo dhearthair my brother
mo dhearthair níos óige my younger brother
mo dhearthair níos sine my older brother
mo leathchúpla my twin brother</td>
</tr>
<tr>
<td>í</td>
<td>mo Mham my Mam
mo dheirfiúr my sister
mo dheirfiúr níos óige my younger sister
mo dheirfiúr níos sine my older sister
mo leathchúpla my twin sister</td>
</tr>
</table>

Unit 6. VOCABULARY BUILDING

1. Match up

Ard	Fun
Deas	Slim
Dathúil	Generous
Ceanndána	Mean
Láidir	Nice
Flaithiúil	Small
Tanaí	Strong
Beag	Handsome
Uafásach	Ugly
Spraíúil	Tall
Gránna	Stubborn

2. Complete

a. Is duine ___________ é mo dhearthair níos óige
My younger brother is a slim person

b. Is duine míchairdiúil é mo ____________________
My Dad is an unfriendly person

c. Is duine ________________ í mo dheirfiúr níos sine
My older sister is a stubborn person

d. Is duine ___________ mé *I am a fit person*

e. Is duine ________________ é mo dhearthair níos sine
My older brother is a fun person

3. Categories – sort the adjectives below in the categories provided

a. láidir; b. uafásach; c. deas; d. foighneach; e. ard;
f. cliste; g. beag; h. cairdiúil; i. flaithiúil; j. aclaí;
k. ionraic; l. cneasta; m. tanaí;

Tréith fhisiciúil	Tréith dhaonna

4. Complete the words

a. Is duine t_ _ _í mé

b. Is duine b_ _g í

c. Is duine cn_ _ _ _ a é

d. Ní duine _ r _ é

e. Ní duine flaith_ _ _ _ mé

f. Is duine foig_ _ _ _ _h í

g. Ní duine i_ _ ra _ _ é

h. Is duine _ _ c mé

5. Translate into Irish

a. My sister is a generous person

b. My brother is a tall person

c. My dad is a friendly person

d. My mother is not a stubborn person

e. I am a slim person

f. My twin brother is a strong person

g. I am not a patient person

h. She is not a clever person

6. Spot and correct the translation mistakes

a. Is duine láidir í *He is a strong person*

b. Is duine ionraic é *He is a slim person*

c. Ní duine ard mé *I am a tall person*

d. Is duine beag é mo Dhaid *I am a short person*

e. Is duine ard é mo dheartháir:
My brother is a short person

f. Is duine leadránach é mo dheartháir níos sine
My older sister is a boring peson

7. Complete

a. M_ M_ _ _

b. M_ dh_ _ _ _ _ _ á _ _

c. M_ D_ _ _ _

d. M_ leath_ _ _ _ _ _ _

e. Mo d_ _ _ _ _ _ _ _ r

8. Translate into Irish

a. I am a strong and funny person

b. My mother is a stubborn person

c. My sister is a short and slim person

d. My brother is an intelligent person

e. I am a friendly and fun person

f. My father is a tall and honest person

g. My brother is an ugly and mean person

h. I am a tall and fit person

Grammar Time 1: An Chopail (Uimhir Iolra)

<table>
<tr>
<td rowspan="3">Is daoine
... people are

Ní daoine
... people are not

An daoine ...
... are people (?)</td>
<td rowspan="3">aclaí fit
arda tall
beaga small
cainteacha chatty
cairdiúla friendly
ceanndána stubborn
cineálta/lácha kind
dathúla handsome/pretty
deasa nice
dícheallacha/díograiseacha hard-working
fiosracha inquisitive
flaithiúla generous
foighneacha patient
gránna ugly
greannmhara funny
ionraice honest
ísle short
láidre strong
leadránacha boring
maithe good
míchairdiúla unfriendly
olca bad
ramhara fat
spórtúla sporty
spraíúla fun
tanaí slim
uafásacha mean</td>
<td colspan="2">muid we</td>
</tr>
<tr>
<td colspan="2">sibh you (pl)</td>
</tr>
<tr>
<td>iad
they</td>
<td>mo dheartháireacha my brothers

mo dheartháireacha níos óige my younger brothers

mo dheartháireacha níos sine my older brothers

mo dheirfiúracha my sisters

mo dheirfiúracha níos óige my younger sisters

mo dheirfiúracha níos sine my older sisters

mo shiblíní my siblings

mo thuismitheoirí my parents</td>
</tr>
</table>

Grammar Time 1: An Chopail (Uimhir Iolra)

1. Match up

Spórtúla	Tall (pl)
Láidre	Small (pl)
Arda	Sporty (pl)
Spraíúla	Bad (pl)
Beaga	Strong (pl)
Olca	Fun (pl)

2. Complete with the missing words

a. Is daoine __________ muid — *We are strong people*

b. Is daoine _______________ sibh — *You (pl) are funny people*

c. Is daoine olca iad ____ _______________ — *My sisters are bad people*

d. Is daoine __________ iad — *They are generous people*

e. Is __________ arda muid — *We are tall people*

f. An daoine __________ muid? — *Are we kind people?*

g. Ní daoine __________ iad — *They are not fun people*

h. Is daoine beaga ______ — *You (pl) are small people*

3. Translate into English

a. Is daoine deasa iad mo thuismitheoirí

b. Ní daoine lácha iad mo dheirfiúracha

c. An daoine aclaí sibh?

d. Is daoine ionraice muid

e. Is daoine beaga iad mo dheartháireacha

f. Ní daoine olca iad mo thuismitheoirí

g. An daoine láidre sibh?

h. Ní daoine dathúla muid

4.. Complete with the missing words

a. Is daoine ___________ muid *We are friendly people*

b. Is daoine deasa iad mo ________________
My parents are kind people

c. Ní daoine cineálta iad mo ______________________
__________ __________
My younger sisters are not kind people

d. An daoine olca _________? *Are they bad people?*

e. _____ daoine ionraice muid? *Are we honest people?*

f. Is __________ arda sibh *You (pl) are tall people*

g. Is daoine flaithiúla __________
We are generous people

h. ____ daoine __________ iad *They are not fun people*

i. An __________ ceanndána iad mo dheartháireacha níos sine? *Are my older brothers stubborn people?*

5. Translate into Irish

a. *We are x people* Is daoine x _ _ _ _

b. *They aren't x people* Ní daoine x _ _ _

c. *Are we kind people?* _ _ d_ _ine lácha _ _ _ _?

d. *My siblings are small people* Is daoine _ _ _ _ _ _ iad mo shiblíní

e. *We are x people* Is d_ _ _ _ _ _ x muid

6. Spot and correct the errors

a. Is daoine cainteach iad

b. Ní duine olca muid

c. Is daoine beag iad mo dheartháireacha

d. An daoine foighneacha é?

e. Ní daoine dathúil sibh

An Chopail (Uimhir Uatha agus Uimhir Iolra)

7. Complete with the missing words

a. Is daoine arda ________ *We are tall people*

b. Is ________ beag thú *You are a small person*

c. Is duine ________ í mo Mham
My mother is an honest person

d. Is daoine foighneacha ______ mo mhúinteoirí
My teachers are patient people

e. Is duine ________ thú *You are a handsome person*

f. Ní duine cliste _____ *I am not a clever person*

g. Ní duine ________ é *He is not a sporty person*

8. Complete by writing duine or daoine

a. Is ________ olca muid

b. Is ________ beag mé

c. Ní ________ ísle iad

d. An ________ láidre iad?

e. An ________ tanaí í?

f. Ní ________ flaithiúil í

g. Is ________ greannmhara sibh

h. Ní ________ cneasta mé

i. An ________ cairdiúla iad?

9. Spot and correct any errors (if there are any)

a. Is daoine maith iad

b. Ní daoine deasa é mo thuismitheoirí

c. Is duine arda é mo Dhad

d. Is duine greannmhara sibh

e. Is daoine cairdiúla muid?

f. An duine arda iad mo dheartháireacha?

g. Ní daoine ceanndána sibh

h. Is daoine gránna í mo dheirfiúracha níos óige

10. Translate into Irish

a. My mother is a tall person

b. My father is not a small person

c. My brothers are ugly people

d. My sister is not a friendly person

e. My siblings are sporty people

f. Is my twin brother a patient person?

g. My mother is an intelligent person

h. Are my parents nice people?

11. Translate into Irish: Remember the adjective must be plural if there is more than 1 person being described. Hint: the underlined adjectives below must be plural

a. *My mother and my sister are very* ***tall*** *people* Is daoine arda iad mo mháthair agus mo dheirfiúr

b. *My sisters are* ***kind*** *and* ***nice*** *people*

c. *My parents are very* ***friendly*** *people*

d. *I am a chatty and lazy person*

e. *My brother and I are* ***tall*** *people*

f. *My mother and my sister are* ***pretty*** *people*

g. *My twin sister is a very short person*

Grammar Time 2: Prepositions 'do', 'ar', 'ag'

	'do' – to/for	**'ar' – on**	**'ag' – have**
mé *me*	dom	orm	agam
tú *you*	duit	ort	agat
sé *he*	dó	air	aige
sí *she*	di	uirthi	aici
muid *we/us*	dúinn	orainn	againn
sibh *you (pl)*	daoibh	oraibh	agaibh
siad *they*	dóibh	orthu	acu
X *X*	do + h (consonant) d' (vowel)	ar + h (consonant)	ag

Preposition drills

1. Which person is mentioned below?

a. dom = mé

b. ort =

c. aige =

d. dúinn =

e. orthu =

f. dó =

g. againn =

h. dúinn =

i. agat =

j. duit =

2. Spot and correct the mistakes (note: not all sentences are wrong)

a. Aisling is ainm orm

b. Tá gruaig dhonn aige

c. Tá súile donna orainn

d. Tomás is ainm dó

e. Tá súile beaga agus glasa aici

f. Tá gruaig fhada air

g. Tá cónaí dom i dteach beag

h. Niall is ainm di

i. Tá gruaig chatach di

3. Complete with the missing word

a. Tá gruaig fhionn _______________	*We have blond hair*
b. Tá súile gorma ______ _____ __________	*My Dad has blue eyes*
c. Michelle is ainm ____________	*Her name is Michelle*
d. Níl cónaí __________ i dteach mór	*She does not live in a big house*
e. Tá dhá mhadra _____________	*You (pl) have two dogs*
f. Tá súile glasa _____ ___________	*Mícheál has green eyes*
g. Níl gruaig dhubh ______ _________	*Síle does not have black hair*

4. Complete with: do, ar or ag

a. Rachel is ainm _______ mo dhlúthchara

b. Tá gruaig rua _______ Shiobhán

c. Níl súile beaga _____ Séamus

d. Tá cónaí ____ m'uncail in oirthear na hÉireann

e. Tá cat beag _____ mo dheartháir Colm

f. Níl madra nó éan _____ mo shiblíní

g. Níl gruaig dhíreach ______ Liam nó ______ Nuala

h. Tá súile glasa _____ mo sheanmháthair

i. Níl an ghruaig chéanna ___ mo leathchúpla is atá orm

j. Maidhc is ainm ______ mo dheartháir is óige

5. Translate into Irish

a. We have black hair

b. You have long hair

c. You (pl) have blue eyes

d. She has green eyes

e. My father has curly hair

f. My sister has straight hair

g. My uncle has grey hair

h. My grandfather has no hair

i. My father and I have blond hair

j. My uncle Pól has green eyes

6. Guided writing – Write a text in the first person singular (I) including the details below:

a. Say you are 9 years old
b. Say you have a brother
c. Say your brother is 15 years old
d. Say he has brown straight short hair and green eyes
e. Say he is a tall and handsome person
f. Say you have a sister
g. Say she is 12 years old
h. Say she has black curly long hair and brown eyes
i. Say your parents are small people, have black hair and brown eyes

7. Write 100 to 200 words in which you describe four people you know very well. You must include:

a. Name
b. Age
c. Hair (colour, length and type)
d. Eye colour
e. If they wear glasses or not
f. Their physical description
g. Their personality description

UNIT 6 (Part 2/2)
Describing my family and saying why I like/dislike them

Tá ... i mo theaghlach, *There are ... in my family,* **Tá <u>ceathrar</u> i mo theaghlach,** *There are <u>four people</u> in my family,*	**mo sheanathair, Pat** *my grandfather, Pat* **mo Dhaid, John** *my Dad, John* **m'uncail, Roisteard** *my uncle, Roisteard* **mo dheartháir níos óige, Colin** *my younger brother, Colin* **mo dheartháir níos sine, Eoin** *my older brother, Eoin* **mo chol ceathrar, Ian** *my cousin, Ian*	**Is breá liom _____ mar gur duine _____ é** *I really like _____ because he is a ____ person* ***Is duine fíor____ é mo Dhaid** *My Dad is a very/quite ___ person* **Is duine sách ____ é mo Dhaid** *My Dad is also a bit of a _____ person*	**ard** *tall* **beag** *small* **cainteach** *chatty* **ceanndána** *stubborn* **cineálta/lách** *kind* **cliste** *clever* **dathúil** *handsome/pretty* **deas** *nice* **flaithiúil** *generous* **ionraic** *honest* **láidir** *strong* **maith** *good* **ramhar** *fat* **spraíúil** *fun* **tanaí** *slim* **uafásach** *mean*
Réitím go maith le... *I get along well with ...* **Ní réitím go maith le...** *I don't get along well with ...*	**mo sheanmháthair, Ellen** *my grandmother, Ellen* **mo Mham, Stella** *my Mam, Stella* **m'aintín, Gina** *my aunt, Gina* **mo dheirfiúr níos óige, Saoirse** *my younger sister, Saoirse* **mo dheirfiúr níos sine, Aisling** *my older sister, Aisling* **mo chol ceathrar, Clair** *my cousin, Clair*	**Is breá liom _____ mar gur duine _____ í** *I really like _____ because she is a ____ person* *** Is duine fíor____ í mo Mham** *My Mam is a very/quite ___ person* **Is duine sách ____ í mo Mham** *My Mam is also a bit of a _____ person*	
Author's note: **An **adjective** that comes after **fíor** takes a **h** (except adjectives that start with a vowel)*			

Unit 6. Describing my family: VOCABULARY BUILDING

1. Complete with the missing word

a. Tá ... i mo_________ *There are ... in my family*

b. Tá ____________ i mo theaghlach
There are 4 people in my family

c. Mo ________, Angela *My mother, Angela*

d. Réitím ___ ________ le... *I get along well with ...*

e. Ní ________ go maith le... *I don't get along well with my...*

f. Is duine ______ é m'uncail *My uncle is a tall person*

g. Is daoine fíordheasa iad mo ____________________________
My grandparents are very nice people

2. Match up

Mo leathchúpla	My cousin
M'aintín	My grandfather
M'uncail	My mam
Mo sheanathair	My dad
Mo dheirfiúr	My aunt
Mo chol ceathrar	My grandmother
Mo dheartháir	My brother
Mo dhaid	My uncle
Mo mham	My sister
Mo sheanmháthair	My twin

3. Translate into English

a. Is duine fíoraclaí í mo Mham

b. Is duine flaithiúil é mo Dhaid

c. Is duine sách deas é mo dheartháir

d. Réitím go maith le m'aintín

e. Is duine sách dathúil é mo chol ceathrar

f. Ní réitím go maith le mo sheanathair

g. Is breá liom m'uncail mar gur duine ard é

h. Ní duine fíordheas í mo leathchúpla

4. Add the missing letter

a. Cin_álta c. _oighneach e. _pórtúil g. Uaf_sach i. Grea_nmhar k. L_idir

b. Ceann_ána d. _eag f. O_c h. T_naí j. _onraic l. Dath_il

5. Broken words

a. Tá ... i m_ the______________ *There are ... in my family*

b. C_________________ *Four people*

c. I_ d_________ an-d _____ í mo m_______________
My mother is a very nice person

d. R_____________ g___ m_______ l__ m_____ ...
I get along well with my ...

e. I_ d_____ an-fh____________ é m'_____________
My uncle is a very generous person

f. N_ r_____________ g__ m_________ l___ m____ ...
I don't get along well with my ...

g. T_ g_________ f________ a_ m_____ d_______________
My sister has long hair

6. Complete with a suitable word

a. Tá ceathrar i mo _______________

b. Is duine __________ í

c. Ní __________ olca muid

d. Tá súile _______________ agam

e. Tá Úna seacht __________ d'aois

f. ____ dhá mhadra aici

g. Ní daoine ___________ iad

h. Réitím go __________ leo

i. Paraic is ____________ dó

j. Tá cónaí orm i ___________

k. Is bréa ____________ m'uncail

l. An daoine ____________ muid?

Unit 6. Describing my family: READING

Sibéal is ainm dom. Tá mé dhá bhliain déag d'aois agus rugadh mé ar an dara lá d'Iúil. Is duine sách ard agus tanaí mé. Tá gruaig dhonn fhada chatach orm agus tá súile glasa agam. Caithim spéaclaí nuair a bhím ag féachaint ar an teilifís le mo Mham agus le mo Dhaid. Tá éan amháin agam agus is breá liom é.

Haigh, Ailbhe is ainm dom. Tá cónaí orm i ndeisceart na hÉireann i gCo. Chiarraí le mo sheanathair. Seán is ainm dó. Réitím go maith leis ach is duine an-cheanndána é uaireanta. Tá súile donna aige agus tá gruaig dhubh fhíorghearr air.

Haigh, is mise Isobel agus tá cónaí orm i lár na tíre i gCo. Laoise. Is duine sách beag mé ach is duine fíorard é mo dheartháir níos sine Luke. I mo theaghlach, tá mo Mham, mo dheartháir Luke, mo sheanmháthair Molly agus mo sheanathair Philip. Réitím cuíosach maith le mo sheantuismitheoirí. Is breá liom mo sheanmháthair mar gur duine an-deas í agus is duine greannmhar é mo sheanathair.

Dia daoibh! Eoin is ainm dom agus tá mé cúig bliana déag d'aois. Tá cónaí orm i dteach mór ar an gcósta i gcúige Uladh le mo theaghlach. Tá ceathrar i mo theaghlach san iomlán. Réitím go maith le mo Dhaid agus le mo dheartháir Cathal. Is duine lách é Cathal ach ní réitím go maith le mo dheirfiúr níos óige. Saoirse is ainm di. Tá sí naoi mbliana d'aois agus rugadh í ar gcéad lá de Mheán Fómhair. Is duine an-olc í gan dabht.

Ciarán is ainm dom agus réitím go maith le mo chol ceathracha ach go háirithe mo chol ceathrar Paul. Is duine fíorspraíúil é agus tá sé sé bliana déag d'aois – ar comhaois liomsa! Is iontach an rud é!

1. Find the Irish for the following items in Ailbhe's text

a. My name is ...

b. In the south of Ireland

c. My grandfather

d. But

e. Very

f. Sometimes

g. Brown eyes

h. Very short hair

2. Answer the following questions about Eoin's text

a. How old is he?

b. Where is he living?

c. How many people are there in his family?

d. Who does he get along well with?

e. Why does he like Cathal?

f. Who does he not get along well with?

g. When was his sister born?

3. Complete with the missing words

Rob is ainm ___________. Tá mé seacht __________ déag d'aois agus tá cónaí ________ i gCill Chainnigh i gCúige _____________.

Is duine ard agus fíor________ mé. Tá súile _____________ agam agus tá gruaig ghearr ______. ______ trí mhadra __________ freisin.

4. Find someone who: answer the questions below about all 5 texts

a. Has a grandmother who is a very nice person

b. Is fifteen years old

c. Was born on 2nd July

d. Has a favourite cousin

e. Is from the south of Ireland

f. Only gets along well with one of their siblings

g. Has a very tall brother

h. Has one bird

i. Is sixteen years old

Unit 6. Describing my family: TRANSLATION

1. Faulty translation: spot and correct any translation mistakes (in the English) you find below

a. Tá ceathrar i mo theaghlach
There are fourteen people in my family

b. Mo mháthair Angela agus mo chol ceathrar
My mother Angela and my sister

c. Réitím go maith le m'athair
I get along very badly with my father

d. Ian is ainm do m'athair
My mother's name is Ian

e. Is duine lách agus spraíúil é James
James is a very mean and fun person

f. Tá gruaig fhada orm: *I have short hair*

2. Translate from Irish into English

a. Is duine fíorard é

b. Ní duine spórtúil é mo dheartháir

c. Réitím go maith le mo shiblíní

d. An daoine deasa iad mo thuismitheoirí?

e. Tá cónaí orainn in oirthuaisceart na hÉireann

f. Rachel agus Niall is ainm dóibh

g. Tá gruaig sáchfhada ar m'uncail Roibeard

h. Ní daoine cairdiúla iad mo dheirfiúracha

i. Is duine flaithiúil mé

3. Phrase-level translation

a. He is a nice person

b. She is a generous person

c. I get along well with

d. I don't get along well with

e. My uncle is a fun person

f. My younger brother

g. I like my cousin Mary

h. She has black short hair

i. He has blue eyes

j. I don't like my grandfather

k. He is a very stubborn person

4. Sentence-level translation

a. My name is Peter. I am nine years old. There are four people in my family.

b. My name is Carla. I have blue eyes. I get along well with my brother.

c. I don't get on well with my brother because he is a stubborn person.

d. My name is Fred. I live in the west of Ireland. I do not like my uncle because he is a mean person.

e. I like my cousin because she is a very kind person.

f. I live in the southeast of Ireland.

Unit 6. Describing my family: WRITING

1. Split sentences

Tá gruaig	gorma agam
Is duine	láidre iad
Is daoine	orainn
Tá súile	fhionn orm
Tá cónaí	ar Liam
Tá cónaí	air
Tá croiméal	láidir í

2. Rewrite the sentences in the correct order

a. Tá i ceathrar theaghlach mo

b. Is shiblíní iad deasa mo daoine

c. caoga mo is cúig mháthair bliana Tá d'aois

d. mo níos dheartháir maith Ní go réitím le sine

e. glasa Tá ag agus leathchúpla Aoife súile mo

f. Tá i sheantuismitheoirí cónaí dteach ar galánta mo

3. Spot and correct the grammar and spelling errors

a. Tá súile glasa orm

b. Rétíonn mé go maith ag ...

c. Tá cónaí dom ar an gcósta

d. Is daoine greannmhar iad

e. Tá gruaig dhonn aici

f. Is duine olc muid

g. Tá sé trí bhliain d'aois

h. Tá féasóg aige

i. Ní daoine láidre í

j. Tá deirfiúr orm

4. Anagrams

a. citesl =

b. aufhacás =

c. rmó =

d. castnea =

e. adcnánean =

f. fgeohinahc =

g. alaíc =

h. íslpaiúr =

5. Guided writing – write 3 short paragraphs describing the people below in the first person:

Name	Age	Family	Likes	Likes	Dislikes
Daniel	12	4 people	mother – very nice & long blond hair	older brother – fun & very good	cousin Gemma – very mean & ugly
Sally	11	5 people	father – very fun & black short hair	grandmother – very nice & generous	uncle Edward – stubborn & lazy
Abbie	10	3 people	grandfather - very funny & very short hair	younger sister – very good & sporty	aunt Carolina – very strong but stubborn

6. Describe this person in the third person:

Name: Uncle Tony
Hair: blond, short
Eyes: blue
Opinion: likes his siblings
Physical: tall and strong
Personality: nice, fun, generous

UNIT 7
Talking about pets

Grammar Time: Bí and ag (Pets and description)
Question skills: Age/Descriptions/Pets

In this unit will learn how to say in Irish:

- what pets you have at home
- what pet you would like to have
- what their name is/what their names are
- some more adjectives to describe appearance and personality
- key question words

You will also learn how to ask questions about
- Name/age/appearance/quantity

You will revisit the following
- Introducing oneself
- Family members
- Describing people
- The verb 'Bí' and 'ag' *to have* in the Present tense

UNIT 7
Talking about pets

✓ **Sa bhaile, tá** *At home,* ✗ **Sa bhaile, níl** *At home,*	**alpaca** *an alpaca* **capall** *a horse* **cat** *a cat* **coinín** *a rabbit* **damhán alla** *a spider* **éan** *a bird* **francach** *a rat* **hamstar** *a hamster* **iasc** *a fish* **luch** *a mouse* **madra** *a dog* **muc ghuine** *a guinea pig* **turtar** *a turtle*	**bán** *white* **beag** *small* **buí** *yellow* **glas** *green* **gleoite** *cute* **gorm** *blue* **gránna** *ugly* **greannmhar** *funny* **mór** *big* **ór** *gold* **oráiste** *orange* **rua** *red* **spraíúil** *fun* **torannach** *loud*	**agam** *I have* **aige** *he has* **aici** *she has* **ag X** *X has*
e.g. Sa bhaile, tá madra bán darb ainm Ted agam *At home, I have a white dog whose name is Ted*			

Ba mhaith *Would like to have* **Níor mhaith** *Wouldn't like to have*	**lacha** *a duck* **nathair** *a snake* **pearóid** *a parrot* **piongain** *a penguin*	**bhán** *white* **bheag** *small* **bhuí** *yellow* **ghlas** *green* **ghleoite** *cute* **ghorm** *blue* **ghránna** *ugly* **ghreannmhar** *funny* **mhór** *big* **ór** *gold* **oráiste** *orange* **rua** *red* **spraíúil** *fun* **thorannach** *loud*	**a bheith agam** *I* **a bheith aige** *he* **a bheith aici** *she* **a bheith ag X** *X*
e.g. Ba mhaith piongain ghleoite a bheith agam *I would like to have a cute penguin* **Níor mhaith lacha bhán a bheith ag Aoife** *Aoife would not like to have a white duck*			

Unit 7. Talking about pets: VOCABULARY BUILDING

1. Complete with the missing word

a. Sa bhaile, tá é________ agam — *At home, I have a bird*

b. Níl c____________ agam — *I don't have a rabbit*

c. Ba mhaith m________ a bheith agam — *I would like to have a dog*

d. Ba mhaith t________ a bheith agam — *I would like to have a turtle*

e. Sa bhaile, tá c_________ agam — *At home, I have a cat*

f. Níl n____________ agam — *I don't have a snake*

g. Sa bhaile, tá d_____________ agam — *At home, I have a spider*

h. Ba mhaith h___________ a bheith agam
I would like to have a hamster

2. Match up

Capall	A rat
Dhá iasc	A hamster
Turtar	Two fish
Muc ghuine	A cat
Éan	A turtle
Pearóid	A fish
Madra	A guinea pig
Iasc	A dog
Cat	A parrot
Francach	A bird
Hamstar	A horse

3. Translate into English

a. Tá madra agam

b. Tá éan ag mo chara

c. Tá dhá iasc agam

d. Sa bhaile, níl peata agam

e. Tá trí mhadra agam

f. Ba mhaith madra a bheith agam

g. Tá turtar ag mo dheartháir

h. Tá mo chat cúig bliana d'aois

4. Add the missing letter

a. Mo ch_t

b. Turt_r

c. Pear_id

d. Dhá i_sc

e. Madr_

f. Coi_ín

g. L_cha

h. Cap_ll

5. Anagrams

a. amadr =

b. tca =

c. rtarut =

d. icsa =

e. lplcaa =

f. hlcaa =

g. mdahna lala =

h. ínconi =

6. Broken words

a. S_ b______, t___ m______ a______ *At home, I have a dog*

b. T_ p________ a_____ c__________ l______
My friend has a parrot

c. T_ t________ a_____ m_______ d_________________
My brother has a turtle

d. N___ c_______ a__________ *I don't have a rabbit*

e. T_________ n___________ a_________ *I have a snake*

f. T___ c_____ a____ L_____ *Liam has a cat*

g. T___ i______ g___________ a______ *I have a blue fish*

h. T_______ d______ p__________ a_______ *I have two pets*

7. Complete with a suitable word

a. Tá mé deich _________ d'aois

b. Rex is ainm do mo _______

c. Tá madra ag cara ________

d. Tá francach ag mo ________

e. Sa ______, tá dhá pheata agam

f. Sa ______, tá dhá pheata agam – madra ________ agus cat amháin

g. Sa bhaile, tá _____ choinín agam

h. Sa bhaile, tá _____ phearóid agam

i. Tá éan _____ mo dheirfiúr

j. Tá dhá lacha __________

Unit 7. Talking about pets: READING

Sara is ainm dom. Tá mé ocht mbliana d'aois agus tá ceathrar i mo theaghlach: mo thuismitheoirí agus mo dheartháir níos óige darb ainm Will. Is duine deas agus ceanndána é. Tá dhá pheata againn: madra amháin darb ainm Dingle agus cat amháin darb ainm Biscuits. Is cat ceanndána í Biscuits, cosúil le Will!

Selene is ainm dom. Tá mé deich mbliana d'aois. Tá seachtar i mo theaghlach: mo thuismitheoirí, mo bheirt dearthaireacha agus deirfiúracha níos óige darb ainm Sandra agus Siún. Is duine an-fhlaithiúil agus cabhrach í Sandra ach is duine an-cheanndána ach lách í Siún. Tá dhá pheata againn: coinín amháin darb ainm Bunny agus lacha amháin darb ainm Duko. Tá Bunny an-chiúin.

Elena is ainm dom. Tá mé naoi mbliana d'aois agus tá ceathrar i mo theaghlach: mo thuismitheoirí agus mo dheartháir níos sine darb ainm Emmet. Tá sé dhá bhliain déag d'aois agus is duine greannmhar é. Tá dhá pheata againn: pearóid amháin darb ainm Coco agus cat amháin darb ainm Mouse. Tá Coco an-chainteach.

Jane is ainm dom. Tá mé deich mbliana d'aois agus tá cónaí orm sa bhaile mór. Tá cúigear i mo theaghlach: mo thuismitheoirí agus mo bheirt deartháireacha darb ainm Leo agus Jeaic. Is duine an-chainteach agus spórtúil é Leo agus is duine an-staidéarach agus dáiríre é Jeaic. Tá dhá pheata againn: muc ghuine amháin darb ainm Benny agus turtar beag darb ainm Sammy. Tá Benny lán le fuinneamh agus tá Sammy an-mhall.

1. Find the Irish in Elena's text

a. Two pets
b. Whose name is
c. One cat
d. One parrot
e. Very chatty
f. Older
g. My parents
h. My name is
i. Funny
j. Four people

2. Find someone who: – answer the questions below about Elena, Sara, Selene and Jane

a. Has a cat
b. Has a parrot
c. Has a duck
d. Has a guinea pig
e. Has a rabbit
f. Has a dog

3. Answer the following questions about Jane's text

a. Where does Jane live?
b. What is her brother Leo like?
c. Who is full of energy?
d. How many pets does she have?
e. Who is Benny?
f. Who is Sammy?
g. How does she describe Sammy?

4. Fill in the blanks

Pól is _______ dom. Tá mé aon ______ déag d'aois. ____ cúigear i mo theaghlach: mo thuismitheoirí agus mo ____ deirfiúracha darb ainm Anna agus Martina. Is ______ an-deas agus cairdiúil í Anna. Is duine an-leisciúil agus mífhoighneach í Martina. Tá dhá _______ againn: francach darb ________ Louis agus cat amháin darb ainm Maya. Tá Maya ______ le fuinneamh agus neamhspleách ar an teaghlach. Tá Louis an-chairdiúil cosúil le __________. Is breá liom mo pheataí! Is breá liom a bheith ag déanamh spraoi leo sa ghairdín ag ____ deireadh seachtaine.

5. Fill in the table below

Name	Pól	Elena
Age		
How many in family		
Pets		
Description of pets		

Unit 7. Talking about pets: TRANSLATION

1. Faulty translation: spot and correct any translation mistakes you find below

a. Tá cúigear i mo theaghlach agus tá trí pheata agam *In my family, there are four people and three pets*

b. Sa bhaile, tá dhá pheata againn: madra amháin agus coinín amháin *At home, we have three pets: a dog and a rabbit*

c. Tá capall ag cara liom Pól darb ainm Speedy. Tá sé an-leadránach *My friend Pól has a duck whose name is Speedy. Speedy is very boring*

d. Tá iasc ag mo dheirfiúr darb ainm Dylan *My sister has a parrot whose name is Dylan*

e. Tá éan ag m'athair darb ainm Nicole *My father has a frog whose name is Nicole*

f. Tá cat agam darb ainm Sleepy. Tá sí an-ghleoite *I have a dog whose name is Sleepy. She is very cute*

2. Translate into English

a. Cat beag

b. Madra mór

c. Lacha bheag

d. Turtar mall

e. Capall gleoite

f. Francach gránna

g. Cat cliste

h. Tá dhá pheata agam

i. Sa bhaile, níl peata againn

j. Ba mhaith cat a bheith agam

k. Ba mhaith iasc a bheith agam

l. Tá turtar agam ach ba mhaith nathair a bheith agam

3. Phrase-level translation [En to Ir]

a. A boring dog

b. A small duck

c. At home

d. We have ...

e. A cute horse

f. A clever cat

g. I have ...

h. I don't have ...

i. I would like to have a ...

4. Sentence-level translation [En to Ir]

a. My brother has a horse whose name is Rayo

b. My sister has an ugly turtle whose name is Nicole

c. I have a small hamster whose name is Squeaky

d. At home, we have three pets: a duck, a rabbit and a parrot

e. I have a rat whose name is Stuart

f. At home, we have three pets: a cat, a dog and a hamster

g. I have two fish whose names are Nemo and Dory

Unit 7. Talking about pets: WRITING

1. Split sentences

Tá madra agam darb	agam
Sa bhaile, tá dhá	a bheith agam
Tá francach	ainm Speedy
Tá cat bán	mo dheartháir
Ba mhaith nathair	pheata againn
Tá turtar ag	peata againn
Sa bhaile, níl	dubh agam

2. Rewrite the sentences in the correct order

a. trí Sa tá bhaile, pheata againn

b. francach Ba a mhaith agam bheith

c. cat agus Tá agam madra

d. cara Tá iasc liom ag dubh

e. nathair ainm againn Tá ghlas Coco darb

f. iasc Tá dhá againn ghorma

g. turtar ag darb Kura ainm Tá mo dheirfiúr

3. Spot and correct the grammar and spelling [note: in several cases a word is missing]

a. Sa bhaile, cat agus madra amháin againn

b. Tá nathair bheag ag mo deirfiúr

c. Ba mhaith madra a beith agam

d. Tá bán cat mo dheartháir

e. Ta dhá iasc ag mo cara Peadar

f. Raya ainm mo chapall

g. Tá capall donn ag mé

h. Sa baile, tá beirt lacha againn

4. Anagrams

a. drmaa =

b. cisa =

c. tahnira =

d. rmó =

e. geoliet =

f. ciraidliú =

g. geba =

5. Guided writing – write 3 short paragraphs (in first person) describing the pets below

Name	Animal	Age	Colour	Character or appearance
Peter	dog	4	white	friendly
Leo	duck	6	blue	funny
Ciara	horse	1	brown	cute

6. Describe this person in the third person:

Name: Riain

Hair: blond, short

Eyes: green

Personality: very nice

Physical: tall, glasses

Pets: a dog, a cat and two fish and would like to have a spider

Grammar Time 3: Bí and ag

Pets and description

1. Translate

a. I have a_ _ _

b. You have a_ _ _

c. She has a_ _ _

d. We have a_ _ _ _ _

e. You (pl) have a_ _ _ _ _

f. They have a_ _

2. Translate into English

a. Tá capall an-ghleoite agam

b. Tá cat beag ag mo dheartháir

c. Tá madra an-chairdiúil ag mo mháthair

d. Tá turtar an-mhall ag mo chol ceathrar

e. Sa bhaile, tá lacha bheag agus iasc buí againn

f. Tá éan mór ag cara liom

3. Complete

a. *I have a guinea pig* — Tá ______ ________ agam

b. *It is two years old* — Tá sé ___________ _________ d'aois

c. *We have a turtle. It is 4 years old* — Tá __________ againn. Tá sé ___________ ________ d'aois

d. *My sister has a dog* — Tá ___________ ag mo _______________

e. *My two uncles have two cats* — Tá _______ ______ ag mo bheirt __________

f. *They are three years old* — Tá siad ________ _________ d'aois

g. *My brother and I have a snake* — Tá ______________ agam agus ag mo _________________

h. *Do you (pl) have pets?* — An bh________ _________ agaibh?

i. *What pets do you have?* — Céard iad na ________ atá agat?

4. Translate into Irish

a. I have a guinea pig. It is three years old.

b. We don't have pets at home.

c. My dog is three years old. It is very big.

d. I have three brothers. They are sporty people.

e. My cousins have a duck and a guinea pig.

f. My aunt has blond curly long hair. She is a very pretty person.

g. My brother and I have black hair and green eyes.

Question Skills 1: Age/Descriptions/Pets

1. Match question and answer

Cén aois thú?	Tá siad ochtó bliain d'aois
Cén fáth nach réitíonn tú le do mháthair?	Tá mé go breá, go raibh maith agat
Cén dath atá ar do ghruaig?	Tá mé cúig bliana déag d'aois
Cén aois iad do sheantuismitheoirí?	Is fearr liom an dath glas
Cén dath súile atá agat?	Mar gur duine an-dian í
Céard é an dath is fearr leat?	Is fearr liom madraí
Cén chaoi a bhfuil tú?	Is duine deas agus cainteach mé
An bhfuil peata agat?	Ní réitím mar gur duine cantalach é
Céard é an t-ainmhí is fearr leat?	Rugadh mé ar an bhfichiú lá de Mheitheamh
Cé mhéad peata atá agat?	Tá gruaig rua orm
Cén sórt duine thú?	Tá súile gorma agam
Céard iad do thréithe pearsanta?	Tá dhá pheata agam: madra agus pearóid
An réitíonn tú go maith le d'athair?	Níl
Cathain a rugadh thú?	Is duine beag mé

2. Complete with the missing words

a. Céard _______ duit?
Where are you from?

b. Cén sórt _________ í Maria?
What type of person is Maria?

c. Cén _________é d'athair?
How old is your father?

d. Cén chaoi a __________ tú le do mháthair?
Do you get along with your mother?

e. Cathain a ___________ thú?
When were you born?

f. Cen sórt _________ é/í do mhadra?
What type of dog is your dog?

g. Cé mhéad ___________ atá agat?
How many pets do you have?

3. Translate the following question words into English

a. Cathain?

b. Céard?

c. Cén aois?

d. Cé mhéad?

e. Cá?

f. Cé?

g. Cén fáth?

h. Cén chaoi?

i. Cad?

4. Complete

a. C______ a________ thú?

b. C_______ a_______ d__________?

c. C_______ c__________ a b_________ t__?

d. C____ b_______ c___________ o____?

e. C________ i____ a ________ d_______?

f. C_________ a r__________ t_____?

g. A__ b_______ p___________ a_______?

5. Translate into Irish

a. What is your name?

b. How old are you?

c. What type of hair do you have?

d. What is your favourite pet?

e. Do you get along with your father?

f. Why don't you get along with your mother?

g. How many pets do you have?

h. Where are you from?

UNIT 8
Saying what jobs people do, why they like/dislike them and where they work

Grammar Time: The Present tense of 'Oibrigh' and other regular verbs
The Present tense of An Chopail and jobs

In this unit will learn how to say:

- What jobs people do
- Why they like/dislike those jobs
- Where they work
- Adjectives to describe jobs
- Words for useful jobs
- Words for types of buildings
- The verb 'Oibrigh' *to work* in the Present tense

You will revisit the following:

- Family members
- The full conjugation of the verb 'Bí' *to be*
- Description of people and pets

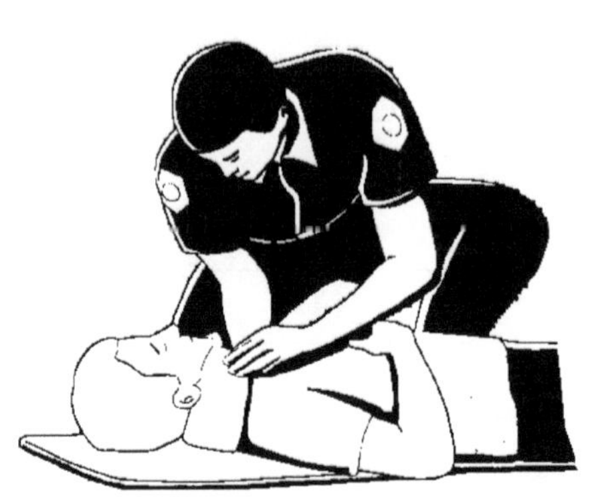

UNIT 8
Saying what jobs people do, why they like/dislike them and where they work

Is *Is* **Ní** *Isn't*	**altra** *a nurse* **bainisteoir** *a manager* **bean an tí** *a house-wife* **dochtúir** *a doctor* **duine gnó** *a business person* **fear an tí** *a house-husband* **feirmeoir** *a farmer* **freastalaí** *a server* **garda** *a guard* **gruagaire** *a hairdresser* **múinteoir** *a teacher* **oibrí monarchan** *a factory worker* **tógálaí** *a builder*	**é/í** *he/she* **é m'athair** **í mo mháthair** **é mo chara**	**Is maith leis/léi é mar go bhfuil sé** *He/She likes it because it is* **Is breá leis/léi é mar go bhfuil sé** *He/She really likes it because it is* **Ní maith leis/léi é mar go bhfuil sé** *He/She doesn't like it because it is* **Is fuath leis/léi é mar go bhfuil sé** *He/She hates it because it is*	**crua/deacair** *difficult* **dúshlánach** *challenging* **éasca** *easy* **gnóthach** *busy* **leadránach** *boring* **taitneamhach** *enjoyable* **sásúil** *rewarding* **strusmhar** *stressful* **suimiúil** *interesting*	**Oibríonn sé/sí ...** *He/She works ...* **ar fheirm** *on a farm* **i mbialann** *in a restaurant* **i scoil** *in a school* **in oifig** *in an office* **in óstán** *in a hotel* **sa bhaile** *at home* **sa chathair** *in the city*
***Oibríonn m'athair mar** *My father works as* **Oibríonn mo mháthair mar** *My mother works as* **Ní oibríonn X mar** *X doesn't work as*					

Author's note: **After **mar**, you add a **h** into the job (except for a job that starts with a vowel)*
*Be careful! To say 'I am a teacher', it is **'Is múinteoir mé'** which translates to 'Am a teacher I'*

Unit 8. Saying what jobs people do: VOCABULARY BUILDING

1. Complete with the missing word

a. Is ____________ é m'athair *My father is a farmer*

b. Is ____________ í m'aintín *My aunt is a hairdresser*

c. Oibríonn mo dheartháir mar ________________
My brother works as a builder

d. Is ____________ í mo mháthair agus oibríonn sí sa ___________ *My mother is a doctor and she works in the city*

e. Oibríonn mo dheirfiúr níos sine mar ______________
My older sister works as a guard

f. Is ____________ í m'aintín agus oibríonn sí in ________
My aunt is a nurse and she wroks in an office

2. Match up

Tá sé taitneamhach	It is stressful
Tá sé gnóthach	It is enjoyable
Tá sé deacair	It is hard
Tá sé dúshlánach	It is busy
Tá sé leadránach	It is hard
Tá sé crua	It is boring
Tá sé éasca	It is interesting
Tá sé strusmhar	It is easy
Tá sé suimiúil	It is challenging

3. Translate into English

a. Is freastalaí í mo mháthair

b. Is maith leis a phost

c. Oibríonn sé i scoil

d. Is bainisteoir é mo dheartháir

e. Is fuath léi a post

f. Is gruagaire í mo chol ceathrar

g. Is breá léi a post

h. Mar go bhfuil sé taitneamhach

4. Add the missing letter

a. Tá sé éa_ca

b. Is maith l_i

c. G_rda

d. _ochtúir

e. Tá sé s_imiúil

f. Oibr_onn sé mar

g. Is altr_ í

h. Mo ph_st

5. Anagrams

a. reimferio =

b. temiúonir =

c. dgaar =

d. nbea na ít =

e. góátlía =

f. iberoaitnis =

g. ltara =

h. egrruaiag =

6. Broken words

a. I__ f_______ a___ t_____ é m'__________
My father is a house-husband

b. I__ m_______ l_____ a p_________ *He likes his job*

c. I__ f__________ é m____ d___________
My brother is a farmer

d. O___________ s__ s___ b___________
He works at home

e. I___ f________ l__________a p______ *He hates his job*

f. M_____ g__ b________ s__ g___________ *Because it is busy*

g. T____ s___ a__ s_____________ *It is very rewarding*

7. Complete with a suitable word

a. Is ____________ í mo mháthair

b. Is __________ léi a post

c. Is maith léi a post mar __________

d. Oibríonn sí mar ______________

e. Is gruagaire í mo ____________

f. Ní ________ léi a post

g. Mar go bhfuil sé an-___________

h. ___________ sé mar mhúinteoir

i. Is breá leis a phost mar ________

j. Is duine gnó é m'uncail. Oibríonn sé in ___________

Unit 8. Saying what jobs people do: READING

Philip is ainm dom. Tá mé fiche bliain d'aois. Tá ceathrar i mo theaghlach agus tá madra amháin agam darb ainm Snoopy. Oibríonn mo mháthair mar dhochtúir sa chathair. Is maith léi a post mar go bhfuil sé sásúil agus gnóthach. Is feirmeoir é m'uncail agus is breá leis a phost. Cé go bhfuil sé deacair, is aoibhinn leis na hainmhithe agus an tuath.

Camille is ainm dom. Tá mé seacht mbliana déag d'aois. Valerie is ainm do mo mháthair agus is gruagaire í. Is maith léi a post mar go bhfuil sé gnóthach agus suimiúil. Is fear an tí é m'athair Chris agus deir sé nach maith leis a phost mar níos minice ná a mhalairt, tá sé leadránach. Níl peata againn sa bhaile ach ba mhaith capall a bheith agam. Tá capall ag mo chol ceathrar darb ainm Force.

Seán is ainm dom. Tá cúigear i mo theaghlach. Marc is ainm do mo dheartháir agus is bainisteoir é. Is maith leis a phost mar go bhfuil sé suimiúil ach uaireanta, tá sé crua agus strusmhar. Is bean an tí í mo mháthair agus is breá léi a post chomh maith. Deir sí go bhfuil sí an-taitneamhach. Sa bhaile, tá madra againn darb ainm Yoyo. Tá sé an-mhór agus spraíúil.

Sam is ainm dom. Is í mo mháthair an duine lena réitím is fearr leis sa teaghlach. Is duine ciúin agus fíordheas í. Is garda í mo mháthair ach faoi láthair, níl sí ag obair. Is fuath liom m'uncail, is duine an-chliste ach ceanndána é. Is múinteoir é m'uncail ach is fuath leis a phost mar go bhfuil sé deacair agus leadránach an chuid is mó den am. Oibríonn sé i scoil sa chathair. Ní maith leis na daltaí atá ar scoil aige. Tá turtar aige.

1. Find the Irish in Philip's text

a. I am 20 years old

b. I have one dog

c. My mother works as

d. As a doctor

e. In the city

f. She likes her job

g. Busy

h. Satisfying

i. He really likes his job

j. Hard

2. Answer the questions on ALL texts

a. Who is Chris?

b. Who has a mother who is a house-wife?

c. Who has an uncle that hates his job?

d. Whose mother is a doctor?

e. Who has a turtle?

f. Who has a horse?

3. Answer the following questions about Sam's text

a. Who is his favourite person?

b. What does his mother do [2 details]?

c. Why does he hate his uncle?

d. What type of person is his uncle?

e. Does his uncle like the students at his school?

f. Where does his uncle work?

g. What pet does he have?

4. Fill in the blanks

Maria is a_______ dom. Tá mé trí b________ déag d'aois. Tá cúigear i mo t______________. Is duine an-chainteach agus cairdiúil é mo chol ceathrar Chris. Tá sé tríocha b___________ d'aois agus oibríonn sé in o_______. Tá cónaí air sa Ghearmáin agus is maith leis a phost mar go bhfuil sé s_________ agus g_________. Sa bhaile, tá d________ pheata againn: madra agus iasc b______. Is m________ liom an madra mar go bhfuil sé an-b________ agus tugaim aire mhaith dóibh.

5. Fill in the table below

Name	Maria [Pets]	Camille [Job]
Age		
How many in family		
Pets/Job		
Description of pets/job		

Unit 8. Saying what jobs people do: TRANSLATION

1. Faulty translation: spot and correct [in the English] any translation mistakes you find below

a. Oibríonn m'athair mar mhúinteoir agus is breá leis a phost mar go bhfuil sé suimiúil. Oibríonn sé i scoil.
My father works as a cook and he really likes his job because it is interesting. He works in a school.

b. Oibríonn mo mháthair mar dhuine gnó in oifig. Is maith léi é ach tá sé deacair.
My aunt works as a business person in a hair salon. She hates it but it is hard.

c. Oibríonn cara liom Fran mar altra. Oibríonn sé in ospidéal agus is breá leis é.
My enemy Fran works as a nurse. He lives in a hospital and likes his work.

d. Is freastalaí é m'uncail Greg agus oibríonn sé i mbialann Iódálach agus is maith leis é. *My uncle Greg is a lawyer in an Italian shop and he likes it.*

e. Is dochtúir í mo mháthair agus oibríonn sí sa chathair. Is fuath léi a post mar go bhfuil sé an-leadránach agus neamhshuimiúil.
My mother Angela is an actress and works in an office. She loves her work because it is boring and uninteresting.

2. Translate into English

a. Oibríonn m'uncail mar

b. Ní oibríonn m'athair mar

c. Mar oibrí monarchan

d. Oibríonn sé mar altra

e. Is gruagaire í

f. Oibrí monarchan

g. Is breá léi a post

h. Oibríonn sé in oifig

i. Oibríonn sí ar fheirm

j. Oibríonn siad in óstán

k. Tá sé taitneamhach

l. Is múinteoir é

m. Ní dochtúir é mo dheartháir

3. Phrase-level translation [En to Ir]

a. My big brother

b. She works as

c. A farmer

d. He likes

e. His job

f. Because it is busy

g. And fun

h. But it is tough

4. Sentence-level translation [En to Ir]

a. My brother is a builder

b. My father is a business person

c. My uncle is a farmer and he hates his job

d. My brother Darren works in a restaurant

e. My older brother is a manager

f. My grandmother is a teacher

g. My aunt is a nurse and she likes her job

h. Because it is stressful

i. My aunt works in a hotel

Unit 8. Saying what jobs people do: WRITING

1. Split sentences

Ní maith liom	go bhfuil sé suimiúil
Is múinteoir	mar bhainisteoir
Oibríonn sé	í m'aintín
Is maith léi é mar	mbialann shíneach
Tá sé	deacair
Oibríonn sí i	mo phost
Oibríonn sé	mar dhochtúir

2. Rewrite the sentences in the correct order

a. léi a Is post maith

b. sí in bhainisteoir Oibríonn oifig mar

c. leis m'athair Is an tí é maith agus fear é is

d. mar m'uncail Oibríonn fheirmeoir

e. Oibríonn sa dheartháir mo chathair

f. Is le níos dheartháir phost a fuath mo sine

g. mo Is dochtúir é ospidéal agus oibríonn chara sé in

3. Spot and correct the grammar and spelling [note: in several cases a word is missing]

a. Is fear an tí í mo mháthair

b. Is post deacair agus é mo phost

c. Oibríon mo deirfiúr ghruagaire

d. Is fauth leis a phost mar nach maith léi na hoibrithe eile

e. Oibríonn sí oifig sa chathair

f. Is breá leis an obair mar éasca agus simiúil

g. Is fuath le mo athair a post

h. Is breá leis a phost mar tá siad gnóthach

4. Anagrams

a. dtochiúr =

b. isuimliú =

c. caséa =

d. si thima lsie =

e. bronniío ís rma =

f. lnbiana =

g. gadar =

5. Guided writing – write 3 short paragraphs describing the people below using the details in the box [in first person]

Person	Relation	Job	Like/ Dislike	Reason
Pat	My dad	Builder	Loves	Busy and interesting
Liam	My brother	Server	Hates	Boring and uninteresting
Máire	My aunt	Farmer	Likes	Hard but enjoyable

6. Describe this person in Irish in the third person:

Name: Maggie

Hair: blond and long

Physique: tall and no glasses

Personality: hard-working

Job: nurse

Opinion: really likes her job

Reason: stressful but rewarding

Grammar Time 4: The Present tense of 'Oibrigh' and other regular verbs

<table>
<tr><td colspan="2">Oibrím I work</td><td rowspan="8">mar
as</td><td rowspan="8">altra a nurse
bhean an tí a house-wife
dhochtúir a doctor
dhuine gnó a business person
fhear an tí a house-husband
fheirmeoir a farmer
fhreastalaí a server
ghruagaire a hairdresser
mhúinteoir a teacher</td></tr>
<tr><td rowspan="7">Oibríonn ...
Works ...

Ní oibríonn ...
Doesn't work ...</td><td>tú you</td></tr>
<tr><td>sé he</td></tr>
<tr><td>sí she</td></tr>
<tr><td>muid we</td></tr>
<tr><td>sibh you (pl)</td></tr>
<tr><td>siad they</td></tr>
<tr><td>m'athair
mo mháthair
mo dheartháir
mo dheirfiúr
mo chara
Máiréad
Seán
....</td></tr>
</table>

Drills

1. Match up

Oibríonn sé/sí	I work
Oibríonn muid	You work
Oibríonn sibh	He/She works
Oibrím	We work
Oibríonn siad	You (pl) work
Oibríonn tú	They work

2. Translate into English

a. Oibríonn siad anois is arís

b. Oibríonn mo thuismitheoirí go minic

c. Ní oibríonn mo dheartháireacha

d. Ní oibríonn sí de ghnáth

e. An oibríonn tú mar fheirmeoir?

f. An oibríonn sibh mar mhúinteoirí?

3. Complete with the correct option

a. Is ______________ é m'athair

b. Ní oibríonn ____ mar go bhfuil sé ró-óg

c. An __________ tú mar fhreastalaí?

d. Is maith ____ a post mar go bhfuil sé suimiúil

e. Ní oibríonn mo sheantuismitheoirí a _______

f. Ar _______ leat a bheith mar altra?

g. Cén fáth nach ____________ tú?

h. Oibríonn sí in ___________

oibríonn	sé	thuilleadh	n-oibríonn
léi	dochtúir	mhaith	oifig

4. Cross out the wrong option

	A	B
mé	Oibrím	Oibríonn siad
Liam	Oibríon sé	Oibríonn sé
m'athair	Ní oibríonn sé	Níor oibríonn sé
Úna	Oibríonn sí	Oibríonn sé
siad	Oibrigh siad	Oibríonn siad
tú	Tú oibríonn	Oibríonn tú
muid	Oibríonn muid	Muid oibríonn
mo chara	Oibríonn mo chara	Mo chara oibríonn
mé agus sé	Oibríonn é agus iad	Oibríonn muid

5. Complete the verbs

a. Oi_________n sé mar dhochtúir

b. Ní o__rí____ muid ar chor ar bith!

c. Oibrí___ Máire agus Daniel le chéile

d. An _____________n tú in oifig?

e. Cá n-______________ sí?

f. Oibr__onn mo mháthair mar fhreastalaí

g. ____ oib_______n mo chara

h. Oi___í____ siad gach lá

i. Ní o_________m ar an Domhnach

Verbs like OIBRIGH

Ceannaigh *To buy*

Tosaigh *To start*

Dúisigh *To wake up*

Éirigh *To get up*

Réitigh *To prepare*

Coinnigh *To keep*

Bailigh *To collect*

Foilsigh *To publish*

Cuardaigh *To search*

6. Complete the sentences using the correct form of the verbs in the grey box on the left

a. Ceann__ím bia sa siopa *I buy food in the shop*

b. Réit_______ sí an dinnéar *She prepares the dinner*

c. Bail_______ muid an t-airgead *We collect the money*

d. Tosa_____n an lá oibre ar maidin
The working day starts in the morning

e. An gcuard________ tú don mhadra?
Are you searching for the dog?

f. Ní choinn_______ tú an doras dúnta
You don't keep the door closed

7. Complete with the correct form of each verb

a. [Tosaigh]_______________ an clár ar a naoi a chlog — *The programme starts at nine o'clock*

b. [Oibrigh]________________ tú mar gharda — *You work as a guard*

c. [Foilsigh]________________ siad leabhair — *They publish books*

d. [Ceannaigh]________________ sí úll sa mhargadh — *She buys an apple in the market*

e. Ní [Ullmhaigh]________________ siad an obair — *They don't prepare the work*

f. [Cabhraigh]___________________ sí liom — *She helps me*

g. [Oibrigh]________________ muid i scoil — *We work in a school*

h. An [éirigh]________________ tú go moch ar maidin? — *Do you get up early in the morning?*

i. [Dúisigh]________________ Liam go déanach don rang — *Liam wakes up late for class*

j. Ní [Oibrigh]________________ sí go dícheallach — *She doesn't work diligently*

k. [Ceannaigh]________________ siad gúnaí nua — *They buy new dresses*

Grammar Time 5: An Chopail
The Present Tense of An Chopail and jobs

<table>
<tr><th></th><th>Singular</th><th>Plural</th><th></th></tr>
<tr><td colspan="4">Present Tense</td></tr>
<tr><td>Is
Am</td><td rowspan="3">altra a nurse
bainisteoir a manager
bean an tí
a house-wife
dochtúir a doctor
duine gnó a business person
fear an tí
a house-husband
feirmeoir a farmer
freastalaí a server
garda a guard
gruagaire a hairdresser
múinteoir a teacher
oibrí monarchan
a factory worker
tógálaí a builder</td><td rowspan="3">altraí nurses
bainisteoirí managers
dochtúirí doctors
daoine gnó
business people
feirmeoirí farmers
fir tí
house-husbands
freastalaithe servers
gardaí guards
gruagairí hairdressers
mná tí
house-wives
múinteoirí teachers
oibrithe monarchan
factory workers
tógálaithe builders</td><td rowspan="3">mé me
thú you
é/í he/she
muid we
sibh you (pl)
iad they
é m'athair
í mo mháthair
iad mo dheartháireacha
iad mo dheirfiúracha</td></tr>
<tr><td>Ní
Am not</td></tr>
<tr><td>An
Are</td></tr>
<tr><td colspan="4">Author's note:
- 'He is a nurse' translates to 'Is altra é' and 'They are farmers' translates to 'Is feirmeoirí iad' so 'Is' can mean am/is/are depending on who we are talking about
- Ní is used to say the negative, for example, 'He is not a nurse' 'Ní altra é'
- An is used to ask a question, for example, 'Are they farmers?' 'An feirmeoirí iad?'</td></tr>
</table>

Drills

1. Match up

Is dochtúir é	He is a guard
Is garda é	We are nurses
Is altraí muid	He is not a farmer
Ní feirmeoir é	I am not a builder
Ní tógálaí mé	He is a doctor

2. Complete with the missing forms of an chopail

a. Is oibrithe monarchan _________ mo dheirfiúracha

b. ___ altra í mo sheanmháthair

c. Ní feirmeoir ___ m'aintín

d. An gruagairí ______ na buachaillí siúd?

e. Ní fir tí ______ na haithreacha

f. ___ dochtúir é

g. ___ bainisteoir í?

h. Ní múinteoirí _____ Síle agus Gráinne

i. Is freastalaí _____ Liam

j. Ní múinteoirí _______ na buachaillí

3. Translate into English

a. Is múinteoirí muid

b. Ní freastalaí mé

c. An bean an tí thú?

d. Is altra í

e. Ní tógálaithe iad

f. Is garda é mo dheartháir

g. Is duine gnó é Niall

h. An feirmeoir é Paraic?

i. Is oibrí monarchan é Ayrton

j. An gardaí iad na fir?

k. Is gruagaire í Amy

4. Translate into Irish (easier)

a. My father is a doctor

b. My parents are guards

c. My uncle is a teacher

d. I am a teacher

e. My cousins are farmers

f. My aunts are house-wives

g. My friend is a business person

5. Translate into Irish (harder)

a. My brother is a tall and handsome person. He is a server.

b. My older sister is a very intelligent and hard-working person. She is a manager.

c. My younger brother is a very sporty and fit person. He is a manager.

d. My mother is a very strong and hard-working person. She is a doctor.

e. My father is a very patient and kind person. He is a guard.

UNIT 9
Comparing people's appearance and personality

In this unit you will learn how to say in Irish:

- More/less ... than
- New adjectives to describe people

You will revisit the following:

- Family members
- Pets
- Describing animals' appearance and character

UNIT 9
Comparing people

Tá *Is/Are* **Níl** *Isn't/ Aren't*	**mé** **tú** **sé** **sí** **muid** **sibh** **siad** **m'athair** **mo mháthair** **mo chara Pól** **mo chara Annie** **mo dheartháir** **mo dheirfiúr** **mo mhac** **m'iníon** **mo sheanathair** **mo sheanmháthair** **mo chol ceathrar** **m'uncail** **m'aintín** **m'fhear céile** **mo bhean chéile** **mo thuismitheoirí** **mo sheantuismitheoirí**	**níos** *more*	**airde** *tall* **caintí** *chatty* **cairdiúla** *friendly* **ceanúla** *affectionate* **cineálta/láiche** *kind* **cliste** *intelligent* **dáiríre** *serious* **dathúla** *handsome/pretty* **dícheallaí/díograisí** *hard-working* **dúire** *stupid* **gránna** *ugly* **greannmhaire** *funny* **láidre** *strong* **laige** *weak* **leadránaí** *boring* **leisciúla** *lazy* **lú** *small* **mó** *big* **neamhchairdiúla** *unfriendly* **óige** *young* **raimhre** *fat* **réchúisí** *relaxed* **sine** *old* **spórtúla** *sporty* **tanaí** *slim* **torannaí** *noisy*	**ná** *than*	**mé** **thú** **é** **í** **muid** **sibh** **iad** **m'athair** **mo mháthair** **mo chara Pól** **mo chara Annie** **mo dheartháir** **mo dheirfiúr** **mo mhac** **m'iníon** **mo sheanathair** **mo sheanmháthair** **mo chol ceathrar** **m'uncail** **m'aintín** **m'fhear céile** **mo bhean chéile** **mo thuismitheoirí** **mo sheantuismitheoirí**

Unit 9. Comparing people: VOCABULARY BUILDING

1. Complete with the missing word

a. Tá m'athair níos ______ ná mo dheartháir níos sine — *My father is taller than my older brother*

b. Tá mo mháthair níos __________ ná m'aintín — *My mother is more chatty than my aunt*

c. Tá mo sheanathair níos _____ ná mo dhaid — *My grandfather is smaller than my dad*

d. Tá mo chol ceathreacha níos ______________ ná mé — *My cousins are lazier than us*

e. Tá mo mhadra níos ________________ ná mo chat — *My dog is noisier than my cat*

f. Níl m'aintín níos _____________ ná mo mháthair — *My aunt is not prettier than my mother*

g. Tá mo dheartháir níos _______________ ná mé — *My brother is bigger than me*

h. Tá m'aintíní níos ________________ ná m'uncailí — *My aunts are younger than my uncles*

2. Translate into English

a. Mo chol ceathrar
b. Níos
c. M'uncail
d. Mo sheantuismitheoirí
e. Mo dheirfiúr
f. Mo dhlúthchara
g. Dícheallach
h. Cara liom
i. Mór
j. Sean
k. Ceanndána
l. Leisciúil

3. Match up

Dícheallach	Sporty
Dathúil	Stupid
Deas	Strong
Láidir	Handsome
Spórtúil	Old
Sean	Hard-working
Dúr	Nice

4. Spot and correct any English translation mistakes

a. Tá sé níos airde ná mé *He is taller than you*

b. Tá sí níos dathúla ná Máire *She is as pretty as me*

c. Tá sé níos ciúine ná mé *He is stronger than me*

d. Níl mé níos lú ná é *I am taller than him*

e. Tá sé níos mó ná muid *They are shorter than us*

f. Tá Siún níos sine ná Luke *She is as old as him*

g. Níl tú níos spórtúla ná mé *You are sportier than me*

5. Complete with a suitable word

a. Tá mo mháthair níos __________ ná m'aintín

b. _____ mo sheanathair ________ sine ná m'athair

c. Tá mo chairde níos ________ ná mo dheartháireacha

d. Tá ___ dheirfiúracha ________ láidre ___ mo dheartháireacha

e. Tá mo mhadra __________ láidre ná _____ chat

f. Níl tú níos _______ ná í mar go bhfuil muid mar an gcéanna

g. Tá m'fhear céile níos ________ ná gach fear eile

h. An bhfuil sé ____________ díograisí ná an múinteoir?

6. Match the opposites

Dathúil	Leisciúil
Dícheallach	Níos lú
Óg	Torannach
Mór	Gránna
Greannmhar	Leisciúil
Ciúin	Dáiríre
Níos mó	Sean
Spórtúil	Beag

Unit 9. Comparing people: READING

George is ainm dom agus tá mé fiche bliain d'aois. Tá cónaí orm i ndeisceart na tíre. Tá cúigear i mo theaghlach: mo bheirt tuismitheoirí agus mo bheirt dearthháireacha, Philip agus Alain. Tá Philip níos airde agus níos láidre ná Alain ach tá Alain níos cairdiúla agus níos spórtúla ná Philip. Anthony agus Sarah is ainm do mo thuismitheoirí. Is daoine tuisceanacha agus cairdiúla iad ach tá m'athair níos déine ná mo mháthair. Anuas air sin, tá mo mháthair níos foighní agus níos cabhraí ná m'athair. Sa bhaile, tá dhá pheata againn: turtar agus lacha bheag. Tá siad an-chairdiúil agus lán le fuinneamh cosúil liomsa!

Edward is ainm dom agus tá mé cúig bliana déag d'aois. Tá cúigear i mo theaghlach: mo thuismitheoirí agus mo bheirt deartháireacha, Ayrton agus Paraic. Is daoine spórtúla iad ach tá Ayrton níos aclaí agus níos láidre ná Paraic. Carmen agus Andy is ainm do mo thuismitheoirí. Níl m'athair chomh dian is atá mo mháthair ach is maith liom é sin. Chomh maith leis sin, tá mo mháthair níos ceanndána ná m'athair ach leis sin ráite, is duine ceanndána mé! Sa bhaile, tá trí pheata againn: dhá mhadra agus iasc. Tá siad beag agus is breá liom a bheith ag déanamh spraoi leis na peataí.

Vicky is ainm dom agus tá mé trí bliana is fiche d'aois. Tá cónaí orm le mo thuismitheoirí i lár na cathrach. Tá cúigear ann san iomlán, mo thuismitheoirí agus mo bheirt deirfiúracha, Marie agus Sandy. Is daoine áthasacha iad Marie agus Sandy ach tá m'athair níos cairdiúla ná mo mháthair. Ach leis sin ráite, is daoine greannmhara agus díograiseacha iad mo thuismitheoirí. Sa bhaile, tá a lán peataí againn mar go bhfuil cónaí orainn ar fheirm. Tá dhá chapall dhonna, trí mhadra mhóra agus cait againn freisin.

1. Find the Irish for the following in George's text

a. I live in

b. My two parents

c. Taller

d. More sporty

e. More strict

f. More helpful

g. In addition to that

h. Small duck

i. Two pets

j. Very friendly

k. Full of energy

l. Like me

2. Complete the statements below based on Vicky's text

a. I am ________ years old

b. Sandy and Marie are her ________

c. Her father is more ________

d. My parents are very ________ and ________

e. We live on a ________

f. We have ________ of pets

3. Correct any of the statements below (about Edward's text) which are incorrect

a. Tá dhá pheata ag Edward

b. Tá Ayrton níos aclaí ná Paraic

c. Ní duine ceanndána é Edward

d. Carmen agus Alain is ainm dá thuismitheoirí

e. Tá sé cúig bliana d'aois

f. Tá a mháthair níos déine ná a athair

4. Answer the questions on the three texts above

a. Where does George live?

b. Who is stricter, George's mother or his father?

c. Who loves playing with the pets?

d. Who has three big dogs?

e. Who has a friendlier father?

f. How does Edward describe his father?

g. Who has lots of pets?

h. Which one of George's brothers is sportier?

i. What are the differences between Edward's brothers?

Unit 9. Comparing people: TRANSLATION/WRITING

1. Translate into English

a. Mór

b. Ciúin

c. Beag

d. Ard

e. Cliste

f. Ceanndána

g. Díograiseach

h. Dathúil

i. Cainteach

j. Sean

k. Láidir

l. Lag

m. Ceanúil

n. Spórtúil

2. Gapped sentences

a. Tá mo mháthair níos _________ ná m'____________

My mother is taller than my aunt

b. Tá m'athair níos _______ ná mo dheartháir níos ________

My father is stronger than my older brother

c. Níl mo chol ceathrar ______ spórtúla ná muid

My cousin is not more sporty than us

d. Tá mo ______________ níos _____________ ná mé

My brother is more intelligent than me

e. Tá mo mháthair __________ _________ ná m'____________

My mother is kinder than my father

f. Tá mo dheirfiúr níos _______________ ná muid

My sister is more hard-working than us

g. Níl m'fhear céile níos ____________ _____ mé

My husband is not more serious than me

h. Tá mo sheanathair níos ____________ ná mo sheanmháthair

My grandfather is more stubborn than my grandmother

3. Phrase-level translation [En to Ir]

a. My mother is more

b. Taller than

c. Smaller than

d. More stubborn than

e. I am smaller than

f. My parents are more

g. My cousins are more

h. More sporty than

i. They are stronger than

j. My grandparents are more

k. I am lazier than

4. Sentence-level translation [En to Ir]

a. My older sister is taller than my younger sister

b. My father is more stubborn than my mother

c. My wife is more hard-working than me

d. I am not more intelligent than my brother

e. My best friend is stronger and sportier than me

f. My husband is more handsome than me

g. My cousins are friendlier than us

h. My duck is noisier than my dog

i. My cat is funnier than my turtle

j. My rabbit is not bigger than my guinea pig

Revision Quickie 2 : Family/Pets/Jobs

1. Match up

Tógálaí	A doctor
Feirmeoir	A server
Altra	A hairdresser
Garda	A nurse
Gruagaire	A farmer
Dochtúir	A worker
Freastalaí	A builder
Oibrí	A guard

2. Sort the words listed below into the categories in the table

a. cairdiúil; b. mór; c. tógálaí; d. greannmhar; e. beag; f. col ceathrar; g. múinteoir; h. altra; i. uncail; j. athair ; k. gorm; l. ard; m. dathúil; n. oibrí monarchan; o. éan; p. deartháir; q. capall; r. donn; s. lacha; t. spórtúil

Description	Pets	Jobs	Family

3. Complete with the missing adjectives

a. Is duine ________ é m'athair *tall*

b. Is duine ________ í mo mháthair *small*

c. Is duine __________ agus ____________ é mo dheartháir *sporty and clever*

d. Is daoine ____________ agus ___________ iad na cailíní *pretty and hard-working*

4. Complete with the missing jobs

a. Oibríonn mo chara mar _____________ *a farmer*

b. Is _______________ í Sarah *a nurse*

c. Is _______________ é cara liom *a guard*

d. Is ________________ í mo dheirfiúr *a server*

e. Is ________________ é Seán *a manager*

f. Oibríonn tú mar ______________ *a doctor*

g. Is __________________ í Máire *a teacher*

h. Is _______________ í mo sheanmháthair *a builder*

5. Match up the opposites

Mór	Dúr
Dathúil	Gránna
Ard	Beag
Leisciúil	Ciúin
Cliste	Mífhoighneach
Torannach	Leadránach
Suimiúil	Íseal
Foighneach	Spórtúil

6. Complete the ages below

a. Cei______________________ [14]

b. Dai______________________ [40]

c. Sea______________________ [67]

d. Trí______________________ [53]

e. Aon______________________ [71]

f. Nao______________________ [99]

7. Complete with the correct words

a. Is duine ______ í mo mháthair *My mother is tall*

b. Tá gruaig ________ ____ *I have black hair*

c. Oibrím mar _____________ *I work as a nurse*

d. Tá m'athair ______________ bliain d'aois *My father is 40 years old*

e. Cé mhéad duine ______ i do theaghlach? *How many people are in your family?*

f. Is daoine ________ ________ ________________ iad mo dheartháireacha *My brothers are tall and strong*

g. ____ ________________ mo dheartháir *My brother doesn't work*

UNIT 10
Saying what's in a school bag/ classroom/describing colour

Grammar Time: Bí & ag and Teastaigh & Agreements

In this unit will learn how to say:

- What objects are in your school bag/pencil case/classroom
- Words for classroom equipment
- What you have and don't have

You will revisit the following:

- Colours
- How adjectives agree in gender and quantity with nouns
- Introducing yourself (e.g. name, age, town, country)
- Pets

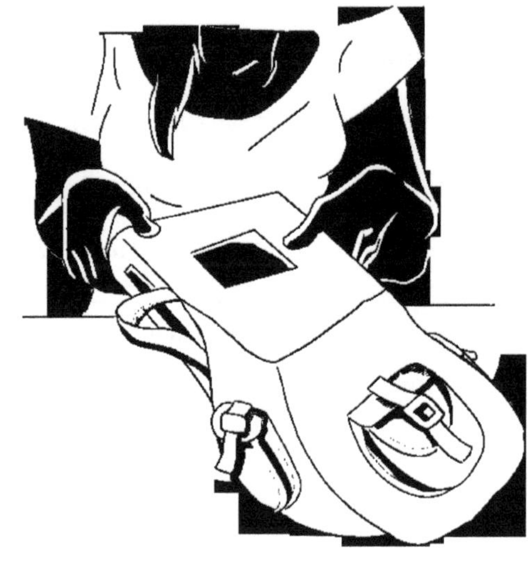

UNIT 10
Saying what's in a school bag/classroom/describing colour

<table>
<tr><th colspan="2">I mo mhála scoile,
In my school bag,</th><th colspan="2">I mo sheomra ranga,
In my classroom,</th></tr>
<tr><td>Tá
There is

Níl
There isn't</td><td>áireamhán a calculator
bord a table
bosca bruscair a bin
cás a pencil case
clár bán a whiteboard
cóipleabhar
an exercise copy
foclóir a dictionary
gliú a gluestick
leabhar a book
mála a bag
peann a pen
peann luaidhe a pencil
rialóir a ruler
ríomhaire a computer
scriosán an eraser
cúpla cóipleabhar
some exercise copies
cúpla peann some pens</td><td>bán white
bándearg pink
buí yellow
corcra purple
dearg red
dubh black
glas green
gorm blue</td><td>ann there

agam I have

ag + X X has</td></tr>
<tr><td>Teastaíonn
Need

Ní theastaíonn
Don't need</td><td>dialann a journal
cathaoir a chair
bileog a page</td><td>bhán white
bhándearg pink
bhuí yellow
chorcra purple
dhearg red
dhubh black
ghlas green
ghorm blue</td><td>uaim I

ó + X X needs</td></tr>
</table>

Unit 10. Saying what's in a school bag: VOCABULARY BUILDING

1. Complete with the missing word

a. Tá ________________ agam — *I have an exercise copy*

b. Teastaíonn ____________ uaim — *I need an eraser*

c. Níl __________ agam — *I don't have a pen*

d. Tá ____________ ag cara liom — *My friend has a page*

e. Tá ______________ agam — *I have a calculator*

f. Teastaíonn ____________ uaim — *I need a chair*

g. Níl __________ agam — *I don't have a ruler*

h. Níl ____________ ag mo chara — *My friend doesn't have a book*

2. Match up

Peann	A pencil
Dialann	A journal
Peann luaidhe	I have a ...
Cathaoir	A pen
Tá ... agam	I don't have a ...
Teastaíonn...uaim	A chair
Níl ... agam	A book
Scriosán	An eraser
Leabhar	I need a ...

3. Translate into English

a. Tá scriosán agam

b. Tá dialann ag cara liom

c. Níl cóipleabhar agam

d. Tá peann gorm agam

e. Níl bileog bhán agam

f. Teastaíonn leabhar nua uaim

g. Tá ríomhaire sa seomra

h. Níl cúpla peann agam

4. Add the missing letter

a. P_ann d_bh

b. Má_a

c. Clá_ bá_

d. N_l ... aga_

e. Di_lann

f. Mo char_

g. Níl ... a_ge

h. C_ipleabhar

5. Anagrams

a. lmáa =

b. nepan ualhdie =

c. eomhríari =

d. grdea =

e. ginana =

f. rlóiair =

g. lcrá nbá =

h. thcarioa =

6. Broken words

a. I m_____ m_______ s___________, t______ c______ a___________
In my school bag, I have a pencil case

b. I m___ c______, t___ c__________ p________ l_________ a_____
In my pencil case, I have some pencils

c. N___ s__________ a________ *I don't have an eraser*

d. T________________ r__________ u_________ *I need a ruler*

e. T___ c______ b_______ a_____ *There is a whiteboard there*

f. T_____ c_______ p___________ g____________ a_________
I have some blue pens

g. T________________ p__________ u_________ *I need a pen*

7. Complete with a suitable word

a. Tá ________________ agam

b. Teastaíonn ________ uaim

c. Is maith liom ___________________

d. Tá ríomhaire _____________

e. Bord ____________

f. Peann __________

g. Tá ___________ ag cara liom

h. Níl rialóir _____________

i. Níl ________________ agam

j. Cúpla leabhar _____________

k. Tá _____________ ann

Unit 10. Saying what's in a school bag: READING

Ríona is ainm dom agus tá mé dhá bhliain déag d'aois. Tá ceathrar i mo theaghlach agus tá cat bán amháin agam. I mo mhála scoile, tá a lán rudaí agam: peann dearg, peann luaidhe buí, rialóir bándearg agus cóipleabhar bán, an rud is fearr liom. Ciara is ainm do chara liom. Níl ach rud amháin sa mhála scoile aici – peann glas! Tá capall liath aici sa bhaile darb ainm Snowy.

Emilie is ainm dom agus tá mé aon bhliain déag d'aois. Tá cúigear i mo theaghlach. Is breá liom mo mháthair ach ní maith liom m'athair. Tá sé níos déine ná mo mháthair. Is dochtúir é agus oibríonn sé go han-mhinic, fiú ag an deireadh seachtaine. I mo sheomra ranga, níl mórán rudaí ann ar chor ar bith. Níl ach bord beag agus ríomhaire amháin ann do na daltaí. Níl a ndóthain cathaoireacha ann.

Andrea is ainm dom agus tá mé aon bhliain déag d'aois. Tá triúr i mo theaghlach agus tá coinín an-fhuinniúil againn freisin. I mo sheomra ranga, tá roinnt rudaí. Tá clár bán, ríomhaire agus tríocha bord ann. Is rang an-mhór é mo rang. Tá peann luaidhe gorm, peann buí, rialóir dubh agus scriosán agam freisin. Tá cúpla peann luaidhe de chuile shaghas dath ag mo chara.

Luke is ainm dom agus tá mé ocht mbliana déag d'aois. Tá cúigear i mo theaghlach. Aindriú is ainm do m'athair. I mo sheomra ranga, tá clár bán agus fiche cathaoir, ceann an duine. Is breá liom mo rang agus is duine an-deas í mo mhúinteoir. Ar an drochuair, níl peann nó rialóir ar bith agam! Níl rud ar bith agam! Tugann mo chairde cúpla rud dom nuair a theastaíonn peann uaim sa rang. Tá capall bán agam agus tá sé an-mhór.

1. Find the Irish in Ríona's text

a. I am 12 years old

b. My family

c. There are 4 people

d. A white exercise copy

e. A red pen

f. A yellow pencil

g. My favourite thing

h. There is only one thing

i. At home

2. Find someone who:

a. Has a blue pencil

b. Has only one computer in their classroom

c. Has a class with one student always standing

d. Has very little school equipment

e. Has a spider

f. Has a very nice teacher

3. Answer the following questions about Luke's text

a. What age is Luke?

b. Who is Aindriú?

c. How many chairs are there in his class?

d. How does he describe his teacher?

e. What school equipment does he have?

f. What pet does he have?

g. How does he describe his pet?

4. Fill in the blanks

Leo is ________ dom agus tá ______ ocht ________ d'aois. Tá ceathrar i mo ______________. I mo sheomra ______, tá a ______ rudaí ar fáil: neart cóipleabhar agus ríomhairí. Níl go leor cathaoireacha ____________ áfach. Bíonn ar dhalta ___________ seasamh i gcónaí. Níl sé sin maith go leor. I mo mhála, ___ cóipleabhar _______, peann _______ liath agus bileog _________ agam. Tá leabhar ________, rialóir, dialann ___________ ag mo chara. Orlaith is ainm di. Tá cónaí uirthi faoin ________ agus tá cúig pheata aici – damhán ________ ina measc!

5. Fill in the table below

Name	Ríona	Andrea
Age		
Family members		
Items in pencil case		

Unit 10. Saying what's in a school bag: TRANSLATION

1. Faulty translation: spot and correct *in the English* any translation mistakes you find below

a. I mo sheomra ranga, tá dhá bhord agus ríomhaire ann. Is maith liom mo mhúinteoir. *In my classroom, there is a whiteboard and a computer. I like my teacher.*

b. Níl a lán rudaí i mo chás. Tá peann dubh agam ach níl scriosán agam. *I have many things in my pencil case. I have a red pencil but I don't have an eraser.*

c. Tá ceathrar i mo theaghlach. Teastaíonn peann dearg agus dialann uaim. *My friend has five people in his family. She needs a black pen and a diary.*

d. Teastaíonn cúpla peann agus gliú uaim. Níl cóipleabhar agam ach an oiread. Is fuath liom mo mhúinteoir! *I need paper and a rubber. I don't have a ruler or a pencil either. I love my teacher!*

e. I mo sheomra ranga, tá foclóir agus tríocha bord ann. Teastaíonn áireamhán uaim ach tá leabhar agam. *In my class, there is a dictionary and thirty chairs. I need a calculator but I have a dictionary.*

2. Translate into English

a. Teastaíonn peann dubh uaim

b. Tá peann glas agam

c. Tá peann luaidhe gorm agam

d. Rialóir dearg

e. Tá dialann agam

f. Tá leabhar ag mo chara

g. Oibríonn m'athair mar

h. Is breá liom mo mhúinteoir

i. Cúpla peann buí

j. Mála mór

k. Tá a lán rudaí agam

l. Níl dialann agam

m. Teastaíonn foclóir uaim

3. Phrase-level translation [En to Ir]

a. A red book

b. A black calculator

c. I don't have

d. I need

e. I like

f. There are

g. I have ...

h. My friend has ...

4. Sentence-level translation [En to Ir]

a. There are 20 tables in my classroom

b. There is a whiteboard there

c. My teacher is a nice person

d. I have some blue pens

e. I have some green pencils

f. I need an eraser and a pen

g. I need a chair and a book

h. My classroom is very big and nice

i. My father is a teacher

Unit 10. Saying what's in a school bag: WRITING

1. Split sentences

Tá peann	ag cara liom
Teastaíonn	a lán rudaí
I mo sheomra, tá	dearg agam
Tá tríocha	agam
Níl mála	mo sheomra ranga
Ní maith liom	cathaoir ann
Tá peann	bileog uaim

2. Rewrite the sentences in the correct order

a. áireamhán uaim Teastaíonn

b. Tá dearg rialóir bileog agus agam bhán

c. seomra ranga Is é mór

d. peann liom Tá ag bán cara

e. Níl gorm agam peann

f. rialóir Sa tá bhaile agam

g. cóipleabhar Tá agam beag

3. Spot and correct the grammar and spelling [note: in several cases a word is missing]

a. I sheomra ranga, tá fiche seomra ann

b. Tá áireamhán dhubh agam

c. I mo mhála scoile, tá lán rud

d. Teasatíonn cóipleahar bhán ó Úna

e. Ní teastaíonn leabhar uaim

f. Tá cúpla peann de chuile shaghas dath ag mo cara

g. Is dochtúir é mo mháthair agus oibríonn sé ar scoil

h. Tá fiche bhord sa seomra rang

4. Anagrams

a. neapn =

b. bhleara =

c. lniadna =

d. rodb =

e. udhb =

f. rlcá bná =

g. úgli =

5. Guided writing – write 4 short paragraphs describing the people below using the details in the box [first person]

Person	Lives	Has	Hasn't	Needs
Natalia	Dublin	An exercise copy	A pen	A diary
Ian	Louth	A ruler	A pencil	A page
Juliet	Galway	A pen	A school bag	A gluestick

6. Describe this person in Irish in the third person:

Name: Daniel

Pet: a black horse

Hair: brown and short

School equipment: a pen, a pencil, a ruler, an eraser

Does not have: a diary, a page, a chair, a computer

Needs: a school bag

Favourite colour: blue

Grammar Time 6: Bí and ag + Agreements
Present tense of 'Bí' *to have* and agreement training

aon chóipleabhar amháin **dhá mhála scoile** **trí pheann** **ceithre pheann luaidhe** **cúig fhoclóir** **sé rialóir** **seacht leabhar** **ocht ngliú** **naoi scriosán** **deich gcóipleabhar**	**súile gorma** **súile glasa** **súile donna**
Tá/Níl ... agam *I have ...* **Tá/Níl ... agat** *You have ...* **Tá/Níl ... aige** *He has ...* **Tá/Níl ... aici** *She has ...* **Tá/Níl ... againn** *We have ...* **Tá/Níl ... agaibh** *You (pl) have ...* **Tá/Níl ... acu** *They have ...* **Tá/Níl ... ag X** *X has ...*	**tuismitheoir, beirt tuismitheoirí** **seantuismitheoir, beirt seantuismitheoirí** **deartháir, beirt deartháireacha** **deirfiúr, beirt deirfiúracha** **mac, beirt mhac** **iníon, beirt iníonacha** **aintín, beirt aintíní** **uncail, beirt uncailí**
lacha **cat** **madra** **capall** **hamstar** **coinín** **éan** **pearóid** **iasc** **francach**	

Present tense of 'Bí' + Agreements: Verb drills (1)

1. Match up

Tá ... agam	We have
Tá ... againn	I have
Tá ... aige	They have
Tá ... acu	X has
Tá ... agaibh	She has
Tá ... aici	You (pl) have
Tá ... agat	He has
Tá ... ag X	You have

2. Complete with the missing word (pets/family members)

a. Níl _______________ agam *I don't have pets*

b. Tá _________ ___________ againn *We have a grey cat*

c. Tá ________ ___________ acu *They have two turtles*

d. An bhfuil __________________ agat? *Do you have siblings?*

e. An bhfuil ________________ agaibh? *Do you (pl) have pets?*

f. Tá ______ _______ ag mo dheartháir *My brother has a guinea pig*

g. Níl _______ ag mo ____ ___________ *My cousin doesn't have pets*

h. Níl _______ ag mo ____________ *My sister doesn't have pets*

3. Complete with the Present tense form of 'Bí ' and 'ag'

a. I have ... ____________________

b. You have ... ____________________

c. He/She has ... ____________________

d. We have ... ____________________

e. They have ... ____________________

f. X has ... ____________________

4. Add in the correct ending

a. Níl madra ______________ *ag + me*

b. Tá dhá mhadra ____ ____________ *ag + my uncle*

c. Tá peann dubh _____ *ag + he*

d. Tá beirt deartháireacha _______ *ag + she*

e. An bhfuil súile gorma _______ *ag + they?*

f. Tá beirt aintíní _____ _________ *ag + Liam*

g. Níl capall rua ________ *ag + you*

h. Níl súile glasa __________ *ag + you (pl)*

5. Complete with the missing form of 'ag'

a. Tá súile gorma ______________ *ag + he*

b. Tá beirt chairde ______________ *ag + you*

c. Níl madra ______________ *ag + me* ach tá nathair ghlas ___________ *ag + you*

d. An bhfuil madra bán ___________ *ag + we?*

e. An bhfuil dhá chóipleabhar ___________ *ag + they?*

f. Ba mhaith madra beag a bheith ___________ *ag + me*

g. Tá súile glasa ____ ________ *ag + Gráinne* ach tá súile gorma _____ _____ __________ *ag + my sister*

6. Translate into Irish

a. My father has blue eyes

b. I don't have pets

c. I don't have a pen

d. In my pencil case, I have a ruler

e. Do you have some pens?

f. At home, I have a dog

g. My mother has two sisters

h. My father doesn't have uncles

i. Do you (pl) have three rabbits?

j. I have a book and an exercise copy

k. I have a white page

Present tense of 'Bí' + Agreements
Verb drills (2)

7. Translate the pronoun <u>and</u> verb into Irish as shown in the example

a. I do/don't have: Tá/ Níl .... agam

b. You do/don't have:

c. She does/doesn't have:

d. He does/doesn't have:

e. We do/don't have:

f. You (pl) do/don't have:

g. They do/don't have:

h. X does/doesn't have:

8. Translate into Irish. Topic: Pets and colours

a. We have a blue parrot

b. I have two green turtles

c. My brother has a white guinea pig

d. My uncles have a black horse

e. My sister has a red and black spider

f. We don't have pets at home

g. Do you have pets at home?

9. Translate into Irish.
Topic: family members

a. I don't have brothers

b. We have grandparents

c. My mother doesn't have aunts

d. Do you have brothers or sisters?

e. Do you (pl) have cousins?

f. I don't have sisters

10. Translate into Irish. Topic: Items

a. They have two exercise copies

b. We have four chairs

c. I have three pens

d. You (pl) have ten bags

e. How many pencils does he have?

f. My mother has one blue pen

11. Translate into Irish. Topic: Eyes

a. I have brown eyes

b. We have blue eyes

c. She has green eyes

d. My mother has blue eyes

e. Do you have green eyes?

f. They don't have green eyes

g. My brother has brown eyes

h. Do we have brown eyes?

i. You (pl) have green eyes

j. My parents have blue eyes

k. You have blue eyes

l. My sister has green eyes

Grammar Time 7: Agreements

1. Complete the table

Irish	English
	Yellow
Bándearg	
Liath	
Glas	
	Red
Corcra	
Dúghorm	
	Black
	White
	Blue

2. Translate into English

a. Peann dubh

b. Scoil mhór

c. Fear ard

d. Aintín chairdiúil

e. Coinín bán

f. Éan dubh

g. Deirfiúr óg

h. Pearóid bheag

i. Bileog bhán

j. Mála dearg

3. Write the feminine version of each adjective in the table

Masculine	Feminine
Dubh	
Mór	
Suimiúil	
Óg	
Cliste	
Leadránach	
Glas	

4. Complete with the missing adjective

a. Tá mála scoile _______ agam *I have a red school bag*

b. Tá peann _______ agam *I have a black pen*

c. Tá peann luaidhe _______ agam *I have a blue pencil*

d. Tá rialóir _______ agam *I have a yellow ruler*

e. Tá bileog _______ agam *I have a white page*

f. Níl _______ agam *I don't have a black bag*

g. Tá cúpla peann _______ agam *I have some blue pens*

h. Tá dialann _______ aige *He has a green journal*

5. Translate into Irish

a. A red pen

b. A black ruler

c. A green school bag

d. A yellow pencil case

e. A green ruler

f. Some blue exercise copies

g. Some pink pages

6. Translate into Irish

a. I have a red pen and a blue pencil

b. Emmet has a green school bag

c. Do you have a white pencil case?

d. Do you have a red pencil?

e. I have a pink page

f. We have a yellow school bag

g. He has a black and white ruler

UNIT 11 (Part 1)
Talking about food: Likes/Dislikes/Reasons

Grammar Time: Ól/Ith

In this unit you will learn how to say:

- What food you like/dislike and to what extent
- Why you like/dislike it (old and new expressions)
- New adjectives
- The full Present tense of 'Ól' *to drink* and 'Ith' *to eat*

You will revisit the following:

- Time markers
- Providing a justification

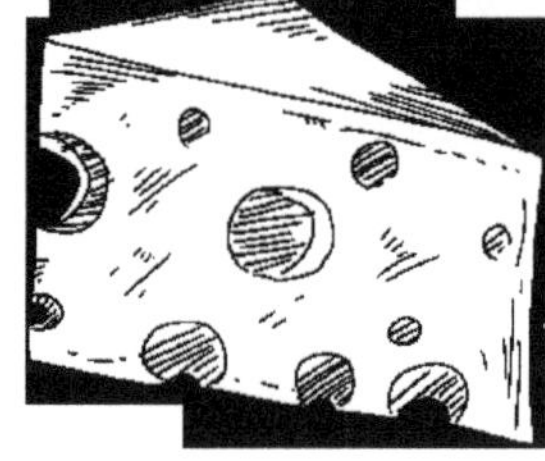

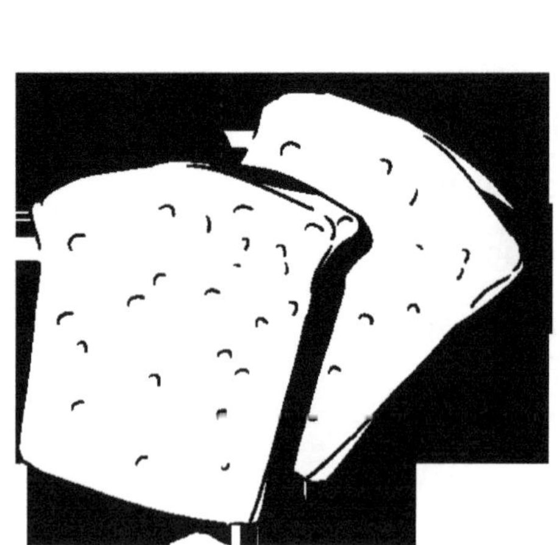

UNIT 11: Talking about food
Likes/Dislikes/Reasons (Part 1)

<table>
<tr><th colspan="4">Singular</th></tr>
<tr>
<td rowspan="2">*Is aoibhinn liom
I love

Is breá liom
I really like

Is maith liom
I like

Ní maith liom
I don't like

Is fuath liom
I hate

Is fearr liom
I prefer</td>
<td>arán bread
bainne milk
caife coffee
iasc fish
sailéad salad
sicín rósta roast chicken
sú oráiste orange juice
uisce water</td>
<td>mar go bhfuil sé
because it is</td>
<td rowspan="2">bealaithe oily/greasy
blasta tasty
go hálainn delicious
gránna disgusting
lán le próitéin rich in protein
milis sweet
míshláintiúil unhealthy
sláintiúil healthy
spíosrach spicy</td>
</tr>
<tr>
<td>cáis cheese
feoil meat
mil honey
rís rice
seacláid chocolate</td>
<td>mar go bhfuil sí
because it is</td>
</tr>
<tr><th colspan="4">Plural</th></tr>
<tr>
<td>*Is aoibhinn liom
I love

Is breá liom
I really like

Is maith liom
I like

Ní maith liom
I don't like

Is fuath liom
I hate

Is fearr liom
I prefer</td>
<td>bananaí bananas
burgair burgers
cairéid carrots
cloicheáin prawns
glasraí vegetables
milseáin sweets
oráistí oranges
prátaí potatoes
súnna talún strawberries
torthaí fruit
trátaí tomatoes
uibheacha eggs
úlla apples</td>
<td>mar go bhfuil siad
because they are</td>
<td>bealaithe oily/greasy
blasta tasty
go hálainn delicious
gránna disgusting
lán le próitéin rich in protein
milis sweet
míshláintiúil unhealthy
sláintiúil healthy
spíosrach spicy</td>
</tr>
<tr><td colspan="4">Author's note: *To change the person in the statement from ' I like' to 'He likes', for example, 'liom' is replaced by 'leis' as per the list here: liom [me], leat [you], leis [he], léi [she], linn [we], libh [you (pl)], leo [they], le X [X]</td></tr>
</table>

Unit 11. Talking about food (Part 1): VOCABULARY BUILDING (Part 1)

1. Match up

Bananaí	Eggs
Súnna talún	Potatoes
Feoil	Prawns
Sicín	Milk
Uisce	Fruit
Bainne	Water
Uibheacha	Burgers
Cloicheáin	Chicken
Burgair	Meat
Torthaí	Bananas
Prátaí	Strawberries

2. Complete

a. Is breá liom ____________ *I really like chicken*

b. Is aoibhinn liom _______________ *I love prawns*

c. Is maith liom _________________ *I like strawberries*

d. Is aoibhinn liom ___________ *I love milk*

e. Is breá liom __________ *I really like bananas*

f. Is fearr liom _________ *I prefer water*

g. Ní maith liom _________ *I don't like tomatoes*

h. Is fuath liom __________ *I hate chicken*

i. Is aoibhinn liom __________ *I love fruit*

j. Ní maith liom ________________ *I don't like eggs*

3. Translate into English

a. Is maith liom torthaí

b. Is fuath liom uibheacha

c. Is aoibhinn liom sicín

d. Is maith liom burgair

e. Is fuath liom feoil

f. Is fearr liom oráistí

g. Ní maith liom trátaí

h. Is breá liom bainne

4. Complete the words

a. Tor____________

b. Prá____________

c. Uis____________

d. Feo____________

e. Cái____________

f. Trá____________

g. Ban____________

h. Uib____________

5. Fill the gaps with either 'Ólann Siún' or 'Itheann Seán' as appropriate

a. _________________________ uibheacha

b. _________________________ uisce

c. _________________________ sicín

d. _________________________ burgair

e. _________________________ sú oráiste

f. _________________________ feoil

g. _________________________ bainne

h. _________________________ trátaí

i. _________________________ sailéad

6. Translate into Irish

a. I like eggs

b. I love oranges

c. I hate tomatoes

d. I don't like prawns

e. I love fruit

f. I don't like vegetables

g. I really like milk

Unit 11. Talking about food (Part 1): VOCABULARY BUILDING (Part 2)

1. Complete with the missing words. The initial letter of each word is given

a. Tá na bananaí siúd g_____________

These bananas are disgusting

b. Tá na húlla siúd g__ _______________

These apples are delicious

c. Tá an sicín seo a__ -_____________

This chicken is very spicy

d. Ní maith liom f_____________

I don't like meat

e. Tá an caife seo a__ -_____________

This coffee is very sweet

f. Tá burgair m_______________

Burgers are unhealthy

g. Tá glasraí s_______________

Vegetables are healthy

h. Is aoibhinn liom b_____________ *I love milk*

2. Complete the table

Irish	English
Bainne	
	Chicken
Cloicheáin	
Uibheacha	
	Water
	Bread
Torthaí	
Trátaí	
	Vegetables

3. Complete with 'Ólann sé' or 'Itheann sí' as appropriate

a. ____________________ úlla

b. ____________________ bainne

c. Ní ____________________ torthaí

d. ____________________ arán

e. ____________________ feoil

f. Ní ____________________ sú oráiste

g. ____________________ uisce

h. Ní ____________________ uibheacha

4. Broken words

a. N__ m_______ l________ u____________ *I don't like eggs*

b. I__ a___________ l_____ u_________ *I love apples*

c. I___ f_________ l_________ b___________ *I hate burgers*

d. I__ b________ l_____ m_____________ *I really like sweets*

e. T__ c_________ b___________ *Coffee is tasty*

f. T__ i_______ s_______________ *Fish is healthy*

g. T__ piobar s_____________ *Pepper is spicy*

h. T__ u__________ s_____________ *Water is healthy*

5. Complete each sentence in a way which is logical and grammatically correct

a. Is maith ________ glasraí

b. Tá feoil ___________

c. Ní ___________ sé iasc

d. Is __________ leis bananaí

e. Is maith liom cáis mar go bhfuil sí ____________

f. Is fuath liom __________ mar go bhfuil sé míshláintiúil

g. Itheann sí ____________ mar go bhfuil siad blasta

Unit 11. Talking about food (Part 1): READING

Haigh! Robert is ainm dom. Céard is fearr leat le hithe? Is fearr liom bia na mara agus mar sin de, ithim cloicheáin agus roinnt iasc difriúil. Is breá liom iasc mar go bhfuil sé blasta agus lán le próitéin, bradán ach go háirithe. Chomh maith leis sin, is aoibhinn liom sicín. Is maith liom chuile shaghas torthaí freisin, bananaí agus úlla, thar aon ní eile. Ní maith liom glasraí, áfach. Níl siad blasta agus bíonn blas gránna ar chuid acu.

Haigh! Ali is ainm dom. Céard is fearr leat le hithe? Mé féin, is fearr liom glasraí úra. Ithim chuile shaghas glasraí ach is fearr liom cairéid, pónairí agus brocailí. Tá siad lán le vitimíní agus déanann siad maitheas don chorp. Is maith liom torthaí chomh maith leis sin. Ar an drochuair, is fuath liom iasc. Cé go bhfuil sé lán le próitéin, níl sé blasta ar chor ar bith!

Haigh! Riain is ainm dom. Céard is fearr leat le hithe? Is aoibhinn liom feoil, mairteoil agus stéig mar go bhfuil siad an-bhlasta. Anuas air sin, is maith liom sicín spíosrach nuair a bhíonn sé rósta san oigheann. Is breá liom uibheacha bruite freisin. Ar maidin, bíonn ubh bhruite agus tósta agam. Ní maith liom úlla cé go mbíonn siad go maith don tsláinte. Is fearr liom sú úill a ól nó oráiste a ithe.

Haigh! Jim is ainm dom. Céard is fearr leat le hithe? Is fearr liom feoil agus sicín mar go bhfuil sí fíorbhlasta. Is breá liom burgair agus cáis le chéile. Is maith liom roinnt torthaí difriúla mar go bhfuil siad an-mhilis. Ach ar an lámh eile, ní ithim glasraí ar bith. Is fuath liom trátaí agus cairéid agus ní féidir liom uibheacha a ithe mar nach réitíonn siad go maith liom. Bím tinn go minic tar éis iad a ithe. Tá siad gránna amach is amach.

Haigh! Alex is ainm dom. Céard is fearr leat le hithe? Is fearr liom torthaí agus glasraí mar go bhfuil siad an-sláintiúil agus déanann siad maitheas don chorp. Tugann siad fuinneamh dom don lá atá amach romham! Ní ithim iasc nó sicín agus is fuath liom bradán. Ní maith liom an blas atá air. Gach oíche, bíonn prátaí agam don dinnéar ach ba mhaith sceallóga a bheith agam anois is arís.

1. Find the Irish in Robert's text

a. I prefer seafood

b. I eat prawns

c. Delicious

d. Salmon

e. Especailly

f. I love

g. Every type

h. Above all

i. They are not tasty

2. Write the person's name next to each statement below

a. I prefer seafood

b. I hate salmon

c. I like a lot of fruit

d. I don't like vegetables

e. I prefer salmon

f. I really like boiled eggs

g. I like spicy chicken

h. I can't eat eggs

i. I love meat and steak

3. Complete the following sentences based on Alex's text

a. Alex loves ____________________

b. He eats them because ______________________________

c. Also, he likes them because ____________________,
____

d. He hates ____________________ because he
____

e. He would ______________________ now and again

4. Fill in the table below about Jim

Likes	Really likes	Hates	Can't eat

Unit 11. Talking about food (Part 1): TRANSLATION

1. Faulty translation: spot and correct [in the English] any translation mistakes you find below

a. Is fuath liom torthaí *I hate prawns*

b. Is aoibhinn liom feoil *I like meat*

c. Is maith liom mil *I don't like honey*

d. Ní maith liom úlla *I love apples*

e. Tá uibheacha an-ghránna *Eggs are tasty*

f. Tá prátaí lán le vitimíní
Bananas are rich in protein

g. Tá iasc sláintiúil *Fish is unhealthy*

h. Is fearr liom bainne *I prefer water*

i. Is aoibhinn liom banana *I love vegetables*

j. Is breá liom sailéad *I really like rice*

k. Is breá liom caife *I really like fruit*

l. Tá piobar spíosrach *Pepper is salty*

m. Is fuath liom arán *I really like bread*

2. Translate into English

a. Tá feoil an-bhlasta

b. Tá iasc go maith don chorp

c. Is breá liom trátaí úra

d. Is aoibhinn leis rís bhruite

e. Déanann feoil maitheas don chorp

f. Itheann sí sceallóga

g. Tá uibheacha gránna

h. Is fearr liom uisce

i. Is maith liom stéig

j. Ní maith liom glasraí ar chor ar bith

k. Is breá liom cairéid

l. Tá caife fíorbhlasta

m. Tá prátaí rósta an-mhaith

n. Tá glasraí lán le vitimíní

3. Phrase-level translation [En to Ir]

a. A spicy chicken

b. This coffee

c. I really like

d. Very sweet

e. A disgusting apple

f. Some tasty oranges

g. I don't like

h. I love

i. A tasty fish

j. Water

k. A roast chicken

4. Sentence-level translation [En to Ir]

a. I really like spicy chicken

b. I like oranges because they are healthy

c. Meat is tasty but unhealthy

d. This coffee is very sweet

e. Eggs are disgusting

f. I love oranges because they are delicious and rich in vitamins

g. I love fish because it is tasty and rich in protein

h. Vegetables are disgusting

i. I prefer bananas

j. This tea is sweet

Unit 11. Talking about food (Part 1): WRITING

1. Split sentences

Is maith liom	blasta ach míshláintiúil
Is fuath liom glasraí mar	uibheacha scrofa
Is fearr liom	seo
An bia	caife agus bainne
Is maith liom	go bhfuil siad gránna
Tá sceallóga	úlla freisin
Is aoibhinn liom	feoil agus stéig

2. Rewrite the sentences in the correct order

a. (Example) agus breá prátaí liom Is sicín
Is breá liom sicín agus prátaí

b. Is glasraí liom fuath

c. caife Tá blasta an seo

d. míshlánitiúil Tá sceallóga

e. liom uisce fearr Is

f. glasraí Tá gránna

g. siad liom oráistí go bhfuil Is siad breá mar milis

h. fuath leis bainne Is

3. Spot and correct the grammar and spelling (there may be missing words)

a. Is maith bananaí

b. Ní liom úlla

c. Uibheacha gránn

d. Is aibhinn leis arán úr

e. Ní fear liom cairéid

f. Is fauth liom feoil

4. Anagrams

a. rgnána =

b. stable =

c. flieo =

d. cisa =

e. linstáúili =

f. reáb rú =

g. smili =

5. Guided writing – write 4 short paragraphs describing the people below using the details in the box [I]

Person	Loves	Really likes	Doesn't like	Hates
Natalia	Chorizo because spicy	Milk because healthy	Meat	Eggs because disgusting
Iain	Chicken because healthy	Oranges because sweet	Fish	Meat because unhealthy
Julieta	Honey because sweet	Fish because tasty	Fruit	Vegetables because boring

6. Write a paragraph on Ryan in Irish [using the third person singular]

Name: Ryan

Age: 18

Description: tall, handsome, sporty, friendly

Occupation: student

Food he loves: chicken

Food he likes: vegetables

Food he doesn't like: meat

Food he hates: fish

Grammar Time 8: Ól/Ith

<table>
<tr><th colspan="2">Ól to drink</th><td rowspan="2"></td></tr>
<tr><td>Ólaim
I drink

Ní ólaim
I do not drink

An ólann X
Does X drink</td><td>bainne milk
caife coffee
deoch shúilíneach a fizzy drink
seacláid the hot chocolate
sú oráiste orange juice
tae tea
uisce water</td></tr>
<tr><th colspan="2">Ith to eat</th><td rowspan="2">anois is arís now and again

gach lá every day

go minic often

ó am go ham from time to time

riamh never

uaireanta sometimes</td></tr>
<tr><td>Ithim
I eat

Ní ithim
I do not eat

An itheann X
Does X eat</td><td>arán bread
bananaí bananas
burgair burgers
cáis cheese
cloicheáin prawns
feoil meat
glasraí vegetables
iasc fish
mil honey
milseáin sweets
oráistí oranges
rís rice
sailéad salad
seacláid chocolate
sicín rósta roast chicken
torthaí fruit
trátaí tomatoes
uibheacha eggs
úlla apples</td></tr>
</table>

1. Match up

Ithim	They eat
Itheann tú	She eats
Itheann sí	We eat
Itheann muid	You (pl) eat
Itheann sibh	You eat
Itheann siad	I eat

2. Translate into English

a. Itheann sé prátaí anois is arís

b. Ní ólann sí bainne riamh

c. Ní itheann muid feoil riamh

d. Itheann Liam sceallóga

e. Ólann muid uisce

f. Itheann siad sicín

g. Ólann sí sú oráiste

h. An itheann tú sicín?

i. Céard a itheann sibh?

j. Ólann sí bainne go minic

3. Spot and correct the mistakes

a. Itheann m'athir úlla

b. Níl ólann sí glasraí

c. Ní ólann mo mháthiar milseáin riamh

d. Itheann mo dearthháir sú bainne

e. Ólan sé caife arís agus anois

f. Itheann mo mháthiar feoil gach lae

g. Ar itheann sib milseáin riamh?

h. Céárd a n-ólann tú?

4. Complete

a. Itheann m'athair ____________

b. Ní ólann tú ______________

c. _______ itheann tú sicín?

d. Ólann mo thuismitheoirí ____________

e. Ní ________ mo sheantuismitheoirí tae

f. Ólann mo ___________ a lán seacláid the

g. Itheann siad ______________ gach lá

h. Céard a ______________ tú ar maidin do do bhricfeasta?

5. Translate into Irish

a. I eat potatoes

b. We drink orange juice

c. What do you eat?

d. What do you (pl) drink?

e. We eat a lot of meat

f. They never eat fish

g. She never eats vegetables

h. We drink lots of water

6. Translate into Irish

a. I never eat meat. I don't like it because it is unhealthy.

b. I don't eat sausages often. I don't like them because they are disgusting.

c. I drink orange juice often. I love it because it is delicious and healthy.

d. I eat tomatoes everyday. I love them because they are very tasty.

e. I eat vegetables rarely. They are healthy but I don't like them because they are disgusting.

f. I never drink tea or coffee because I don't like them.

UNIT 12 (Part 2)
Talking about food:
Likes/Dislikes/Reasons

Grammar Time: Agreement

In this unit you will consolidate all that you have learned in the previous unit and learn how to say:

- What meals you eat every day
- What you eat at each meal

You will revisit the following:

- The Present tense of some regular 1ú Réimniú verbs
- Noun-to-adjective agreement

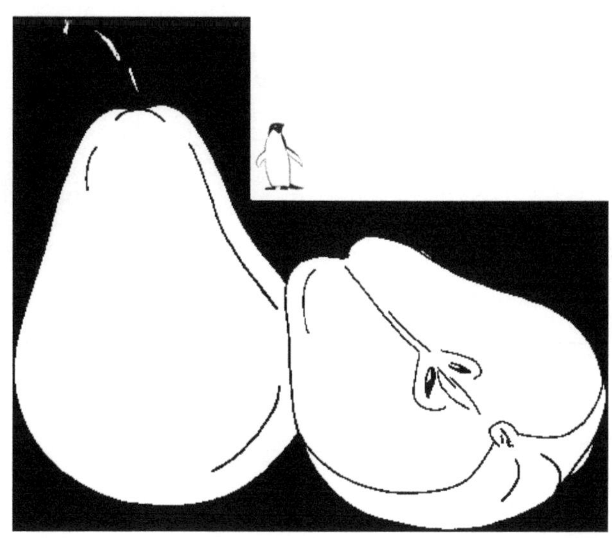

Unit 12 (Part 2)
Talking about food: Likes/Dislikes/Reasons

<table>
<tr>
<td rowspan="2">Béilí
Meals

Ar maidin, ithim
In the morning, I eat

Ag am lóin, itheann X
At lunchtime, X eats

Ag am dinnéir, itheann X
At dinner time, X eats

Ólaim I drink

Ólann X X drinks</td>
<td>arán bread
bainne milk
caife coffee
iasc fish
sailéad salad
sicín rósta roast chicken
sú oráiste orange juice
uisce water</td>
<td>mar go bhfuil sé
because it is</td>
<td rowspan="3">bealaithe
oily/ greasy

blasta
tasty

go hálainn
delicious

gránna
disgusting

lán le próitéin
rich in protein

milis
sweet

míshláintiúil
unhealthy

sláintiúil
healthy

spíosrach
spicy</td>
</tr>
<tr>
<td>cáis cheese
feoil meat
mil honey
rís rice
seacláid chocolate</td>
<td>mar go bhfuil sí
because it is</td>
</tr>
<tr>
<td>What I like/dislike

Is aoibhinn liom
I love

Is breá liom
I really like

Is maith liom
I like

Ní maith liom
I don't like

Is fuath liom
I hate</td>
<td>bananaí bananas
burgair burgers
ceapairí sandwiches
glasraí vegetables
ispíní sausages
oráistí oranges
piorraí pears
sceallóga chips
torthaí fruit
trátaí tomatoes
úlla apples</td>
<td>mar go bhfuil siad
because they are</td>
</tr>
</table>

Unit 12. Talking about food – Likes/Dislikes (Part 2): VOCABULARY

1. Match up

Uisce	A sandwich
Iasc	Water
Rís	Roast chicken
Ceapaire	Fish
Sicín rósta	Cheese
Feoil	Honey
Bainne	Salmon
Bradán	Strawberries
Mil	Sausages
Cáis	Vegetables
Ispíní	Rice
Súnna talún	Fruit
Glasraí	Milk
Torthaí	Meat

2. Complete with the missing words

a. Is maith liom ____________ *I like seafood*

b. Is aoibhinn liom ____________ *I love salad*

c. Ní maith liom ____________ *I don't like vegetables*

d. Is breá liom ____________ *I really like apples*

e. Tá __________ blasta *Chicken is tasty*

f. Tá __________ fíorbhlasta *Meat is very tasty*

g. Is breá liom ____________ *I really like bananas*

h. Is aoibhinn liom ________ *I love honey*

i. Is fuath liom __________ *I hate fish*

3. Complete with the missing letters

a. Ui_ _ _ *Water*

b. _ _ _il *Meat*

c. Tor_ _ _ _ *Fruit*

d. Ú _ _a *Apples*

e. Pior_ _ _ *Pears*

f. Pr_ _ _í *Potatoes*

g. Bia n_ _ _ _ _ _ *Seafood*

h. Súnna ta_ _ _ *Strawberries*

i. Mi_ _ _ *Sweet*

j. I_ _ _ *Fish*

k. Cair _ _ _ *Carrots*

l. R_ _ *Rice*

m. Ceap _ _ _ _ *Sandwich*

n. Cá_ _ *Cheese*

o. A_ _ _ *Bread*

p. Ma_ _ _ *Good*

q. Sail_ _ _ *Salad*

r. Sp_ _ _ _ _ _ _ _ *Spicy*

4. Match up

Gránna	Good
Go minic	Delicious
Blasta	Tasty
Go hálainn	Healthy
Milis	Strong
Go maith	Disgusting
Láidir	Oily
Bealaithe	Sweet
Gach lá	Often
Sláintiúil	Never
Riamh	Everyday

5. Sort the items below into the appropriate category

a. blasta	e. go maith	i. úlla	m. uisciúil	q. bradán	u. bainne
b. prátaí	f. cloicheáin	j. súnna talún	n. cairéid	r. sicín	v. piorraí
c. trosc	g. bealaithe	k. go holc	o. íogairt	s. mairteoil	w. pónairí
d. gránna	h. cáis	l. bananaí	p. sláintiúil	t. tuinnín	x. seacláid

Torthaí	Glasraí	Aidiachtaí	Iasc agus Feoil	Bia déanta as bainne

Unit 12. Talking about food – Likes/Dislikes (Part 2): READING

Haigh, is mise Robert. Céard a itheann tú? Go gineáralta, ní ithim mórán ar maidin seachas píosa torthaí, banana nó úll agus ní ólaim ach cupán caife. Ní maith liom tae.
Ag am lóin, bíonn burgar agus sceallóga agam go minic agus ólaim uisce nó sú oráiste. Níl na burgair sláintúil ach is cuma liom – is breá liom iad! Tá siad blasta.
Tar éis na scoile, bíonn rud beag le hithe agam sula mbíonn dinnéar agam. Ithim slisín cáca b'fheidir, le cupán caife.
Ag am dinnéir, bíonn dinnéar ollmhór agam tar éis lá oibre. Ithim feoil, rís agus neart glasraí. Bím lán go béal agus téim i mo luí go déanach tar éis lá oibre fada. Bím tugtha amach is amach.

Haigh, is mise Franc. Céard a itheann tú? Go gineáralta, ní ólaim mórán ar maidin seachas cupán tae a bhfuil a lán siúrca ann. Ní ithim ach ubh bheag agus slisín tósta. Is breá liom tae luibhe, go háirithe ar maidin. Ní maith liom sú torthaí mar go mbíonn siad rómhilis.
Ag am lóin, ithim sicín rósta agus prátaí de ghnáth agus bíonn gloine uisce agam freisin. Is breá liom chuile shaghas glasraí mar go bhfuil siad go hálainn agus go ndéanann siad maitheas don chorp. Tar éis na scoile, bíonn arán donn agam agus cuirim mil air. Tá sé an-bhlasta! Faigheann mo theaghlach an mhil sin ó chomharsana linn.
Faoi dheireadh, ag am dinnéir, bíonn rudaí difriúla againn chuile lá beo. Bíonn sicín againn ar an Luan agus iasc againn ar an Aoine. Ar an gCéadaoin, bíonn curaí agus rís againn.

1. Find the Irish for the words below in Franc's text

a. Egg: U________
b. Tea: T________
c. Sweet: M________
d. Sugar: S________
e. Lunchtime: A_____ _____
f. Chicken: S________
g. Roast: R________
h. After: T_____ _____
i. Cup: C________
j. Honey: M________
k. Vegetables: G________
l. Healthy: S________
m. Delicious: G___ _____
n. Dinner: D________
o. Rice: R________
p. Tasty: B________
q. Meat: F________

2. Complete the following sentences based on Franc's text

a. In general, I only eat an ________ and a slice of ________.

b. I like ________ with a lot of ________ in it.

c. At ________, I eat ________ ________ and ________ and a ________ of ________.

d. I eat a lot of vegetables because they are ________________.

e. After school, I have ________ ________ and I put ________ on it.

f. For dinner, we ________, ________ ________ .

g. On Friday, ________________

h. ________, we have curry.

3. Find the Irish for the following in Robert/Franc's text

a. I don't eat much in the morning

b. At lunchtime, I eat

c. Roast chicken

d. A huge dinner

e. I don't care

f. Different things

g. A cup of coffee

h. After school

i. Rice

j. That honey from our neighbours

k. Late

l. Full up

m. A banana or an apple

Unit 12. Talking about food – Likes/Dislikes (Part 2): READING (Part 2)

4. Who says this, Robert or Franc? Or both or none!

a. I don't eat much in the morning

b. I have something small to eat

c. I don't like tea

d. I don't drink much for breakfast

e. I really like herbal tea

f. I have brown bread and I put honey on it

g. I really like burgers

h. Burgers are not healthy

i. I have a huge dinner

j. We get the honey from the neighbours

k. I like all types of vegetables

l. On Wednesday, we have curry and rice

Haigh, is mise Eoin. Céard a itheann tú? Go ginéaralta, ithim go leor rudaí ar maidin mar go dtugann siad go leor fuinnimh dom chun tabhairt faoin lá nua. Bíonn calóga agam agus ólaim dhá chupán tae. Ar an Aoine, bíonn scóna agus subh agam agus bíonn siad blasta.
Ag am lóin, bíonn rís agus sicín agam mar go bhfuil siad lán le próitéin agus déanann siad maitheas don chorp. Ní ólaim ach bainne le mo lón agus ólaim dhá lítear uisce chuile lá beo. Is maith liom glasraí, pónairí reatha agus spionáiste. Tá siad lán le vitimíní. Tar éis na scoile, bíonn rud beag le hithe agam sula mbíonn dinnéar agam. Ithim ceapaire a bhfuil liamhás agus cáis ann. Ólaim cupán tae chomh maith. Ag am dinnéir, ithim a lán rudaí. Ithim glasraí agus feoil. Ithim uachtar reoite agus glóthach do mhilseog agus bíonn cupán caife breá agam ansin. Níl tada eile níos fearr!

5. Answer the following questions on Eoin's text

a. How much does he eat in the morning?

b. Name 4 things he eats

c. How much water does he drink?

d. What does he drink at lunch?

e. What does he have with rice?

f. Why does he like spinach?

g. What does he have in his sandwich after school?

h. How does he finish off his dinner in the evenings?

6. Find the following in Eoin's text:

a. A word for dessert, starting with m:

b. A vegetable starting with p:

c. A drink starting with t:

d. A type of meat starting with s:

e. A snack starting with c:

f. A dairy product starting with u:

g. A part of the day starting with m:

h. A meat starting with l:

i. A verb starting with ó:

j. A sweet treat starting with s:

k. An adjective starting with b:

l. A drink starting with b:

Unit 12. Talking about food – Likes/Dislikes (Part 2): WRITING

1. Split sentences

Itheann sé go leor	le bainne
Ithim calóga	ann agam
Bíonn ceapaire a bhfuil liamhás	sicín rósta
Is maith liom	úlla
Tá feoil blasta ach	míshláintiúil
Tá curaí	agus caife
Is fearr liom	sailéad
Ólaim tae	an-spíosrach

2. Complete with a suitable word

a. Is maith liom __________, bradán ach go háirithe

b. Go ginearálta, __________ rís le sicín

c. Go minic, bíonn __________ agam ar maidin

d. Itheann mo dheartháir __________ ach itheann mo dheirfiúr __________

e. Ag am lóin, bíonn sailéad __________

f. Go minic, ólann muid __________ leis an dinnéar

g. Is breá liom __________ mar go bhfuil sé an-mhilis

h. Tá caife __________ ach is cuma liom!

i. Is fuath liom __________ mar go bhfuil sé gránna

j. Ní ólaim mórán ar __________ seachas __________ tae

k. Ba mhaith liom __________ a bheith agam in áit prátaí uaireanta

3. Spot and correct the grammar and spelling mistakes [note: in several cases a word is missing]

a. Go minic, bíonn sceallóg sicín agam don dinnéir

b. Ólann siad usice agus baine

c. Is fuath feoil mar go bhfuil sé grána

d. Aoibhinn liom sú torthaí

e. Tar éis scoile, bíonn rud beag ithe agam

f. Itheann mé tae le bainne

g. Is aoibhinn mil mar go bhfuil sí fuar

h. Ag am dinnéir, itheann muid iacs agus glas

i. Is breá liom torthaí mar nach ndéanann siad maitheas don chorp

j. Is aoibhinn leis iasc. Itheann sí chuile lá beo é

4. Complete the words

a. L__________ *Lunch*

b. D__________ *Dinner*

c. B__________ *Breakfast*

d. S__________ *Spicy*

e. B__________ *Oily*

f. M__________ *Sweet*

g. S__________ *Healthy*

5. Guided writing – write 3 short paragraphs in the first person [I] using the details below

Person	Lunch	Location	With	After
Eilis	Chicken and rice	The kitchen	Brother	Go to the beach
Sam	Burger	The dining room	Sister	Read a book
Julieta	Salad	The garden	Mother	Listen to music

6. Sentence level translation EN - IR

a. I love fruit juice because it is sweet and healthy

b. I don't like salmon because it is disgusting

c. After school, I eat a cheese sandwich

d. I drink tea with honey always. I like it because it is sweet

e. I like fish but chicken is not very tasty

Grammar Time 9: Counting items and people

Counting items	**Counting people**	**Counting particular people**
aon pheann (déag) amháin	**duine amháin** *1 person*	**múinteoir amháin** *1 teacher*
dhá pheann (déag)	**beirt** *2 people*	*****beirt mhúinteoirí**
trí pheann (déag)	**triúr** *3 people*	*2 teachers*
ceithre pheann (déag)	**ceathrar** *4 people*	**triúr múinteoirí**
cúig pheann (déag)	**cúigear** *5 people*	*3 teachers*
sé pheann (déag)	**seisear** *6 people*	**ceathrar múinteoirí**
(1)1 pen(s) - (1)6 pens	**seachtar** *7 people*	*4 teachers*
	ochtar *8 people*	**cúigear múinteoirí**
	naonúr *9 people*	*5 teachers*
***seacht bpeann (déag)**	**deichniúr** *10 people*	**seisear múinteoirí**
ocht bpeann (déag)		*6 teachers*
naoi bpeann (déag)		**seachtar múinteoirí**
deich bpeann		*7 teachers*
(1)7 pens – (1)9 pens		**ochtar múinteoirí**
		8 teachers
****fiche peann**		**naonúr múinteoirí**
20 pens		*9 teachers* **deichniúr múinteoirí**
		10 teachers

Author's note: **7-10, 17-19: the following letters are **the only letters** that take an urú (mb, gc, nd, bhf, ng, bp, dt, n-vowel)*
*If the **word before déag ends with a vowel**, déag takes a **h** (expect for lá, bliana)*
20, 30, ...: the word that comes after a multiple of 10 (from 20 onwards) **does not change spelling
****After **beirt,** the next word takes a **h,** if the word doesn't start with D, N, T, L , S*

DRILLS

1. Complete with the missing word

a. Dhá ________________ *exercise copies*

b. Triúr ________________ *doctors*

c. Ceithre ______________ *bottles*

d. Ochtar ______________ *teachers*

e. Seachtar ______________ *nurses*

f. Naoi ________________ *pens*

g. Sé ________________ *dogs*

h. Cúigear ______________ *builders*

2. Complete with the missing number

a. ________________ múinteoirí *[4]*

b. ________________ ghloine *[3]*

c. ________________ feirmeoirí *[10]*

d. ____________ pheann ___________ *[16]*

e. ________________ fhreastalaithe *[2]*

f. ________________ mhadra *[4]*

g. ________________ daltaí *[9]*

h. ________________ gruagairí *[5]*

i. ________________ gcathaoir *[10]*

3. Spot and correct the errors with the numbers when counting items

a. Trí buidéal

b. Ceithre bhfuinneog

c. Deich bróg

d. Seacht dhoras déag

e. Cúigear mhadra

f. Seisear dhinnéar

g. Fiche mhála

h. Seachtar gcóipleabhar

i. Trí déág bord

4. Translate into Irish

a. Four teachers

b. Seven tables

c. Nine cleaners

d. Sixteen dogs

e. Two friends

f. Three chairs

g. Eight factory workers

h. One singer

5. Translate into English

a. Ceithre phláta F________ ______________

b. Seisear múinteoirí S________ ______________

c. Seachtar dochtúirí S________ ______________

d. Naoi gcarr déag N________ ______________

e. Cúig pheann F________ ______________

f. Deich gcóipleabhar T____ __________ ________

g. Triúr altraí T________ ______________

h. Seachtar deartháireacha S________ ______________

6. Translate into Irish

a. Three friends and three dogs

b. Four rabbits and four doctors

c. Six nurses and six glasses

d. Ten pages and ten servers

e. Two fathers and two pets

f. Eight computers and eight builders

g. Nine pencils and nine teachers

h. Seven guards and seven rooms

i. Five guards and five pages

j. One man and one dog

k. Ten nurses and ten rulers

l. Six bowls and six sisters

Grammar Time 10: Agreement

Gender and quantity	Noun	Adjective
Masculine and singular	**bord** *a table* **cat** *a cat* **cóipleabhar** *an exercise copy* **cosán** *a footpath* **doras** *a door* **geansaí** *a jumper* **leabhar** *a book* **peann** *a pen*	**beag** *small* **dearg** *red* **glan** *clean* **glas** *green* **mór** *big* **salach** *dirty* **suimiúil** *interesting* **tapa** *fast* **tiubh** *thick*
Feminine and singular	**aiste** *an essay* **bean** *a woman* **bialann** *a restaurant* **bileog** *a page* **cathair** *a city* **fuinneog** *a window*	**bheag** *small* **dhearg** *red* **ghlan** *clean* **ghlas** *green* **mhór** *big* **shalach** *dirty* **shuimiúil** *interesting* **thapa** *fast* **thiubh** *thick*
Plural	**boird** *tables* **cóipleabhair** *exercise copies* **cosáin** *footpaths* **leabhair** *books* **pinn** *pens*	**bheaga** *small* **ghlana** *clean* **ghlasa** *green* **mhóra** *big* **shalacha** *dirty*
	aistí *essays* **bialanna** *restaurants* **bileoga** *pages* **fuinneoga** *windows*	**beaga** *small* **glana** *clean* **glasa** *green* **móra** *big* **salacha** *dirty*

1. Choose the correct option as shown in the example

	A	B
Peann	**<u>mór</u>**	mhór
Fuinneoga	salacha	shalach
Cosán	chaol	caol
Aiste	shuimiúil	suimiúil
Doras	beag	bheag
Bileog	ghlas	glas
Bialanna	chostasach	costasacha
Leabhar	glan	ghlan

2. Fill in the tables below with the correction versions of the adjective

Masculine	Feminine
	dhearg
glas	
	shuimiúil
tapa	
mór	
	shalach
glan	
beag	

3. Translate into English

a. Carr dearg

b. Bialann shalach

c. Cosáin mhóra

d. Bean bheag

e. Doras tiubh

f. Bileoga glasa

4. Tick off the correct sentences and correct the incorrect ones

a. Tá dhá mhadra agam

b. Tá bróg ghlas agam

c. Tá triúr chat ag mo chara

d. Níl peann dhearg aige

e. Is breá liom geansaí ghlas

f. Níl seisear daoine sa teaghlach

5. Complete

a. Tá dhá ____________________ *exercise copies* aige

b. Tá triúr _______________ *sisters* aici

c. Is breá liom an bhialann ________ *big*

d. Níl ________ *three* deartháireacha againn

e. An bhfuil seacht __________ *tables* ag do thuismitheoirí?

6. Translate into Irish

a. Fish is disgusting

b. There are four people in my family

c. This coffee is sweet

d. I have five pets

e. My two brothers are teachers

f. Oranges are very healthy

g. She has two dogs and two sisters

Question Skills 2: Jobs/School Bag/Food

1. Translate into English

a. Céard a itheann tú ar maidin?

b. Cén post atá ag do mháthair?

c. Céard atá sa mhála scoile agat?

d. Céard é an bia is fearr leat?

e. Céard a ólann tú ag am lóin?

f. An maith leat sú oráiste?

g. Cén fáth nach maith leat feoil?

h. An itheann tú glasraí gach lá?

i. Tar éis na scoile, an mbíonn rud beag le hithe agat?

j. Céard iad na peataí ba mhaith a bheith agat?

k. Cén sórt duine í do dheirfiúr?

l. Cé leis a n-itheann tú do dhinnéar?

2. Match the answers below to the questions in activity 1

1. Is maith liom sú oráiste
2. Is duine an-chliste í mo dheirfiúr
3. Ithim mo dhinnéar le mo theaghlach
4. Itheann. Tá siad an-bhlasta
5. Ba mhaith madra beag a bheith agam
6. Ithim ceapaire
7. Ní maith liom í mar go bhfuil sí gránna
8. Is múinteoir í mo mháthair
9. Tá cóipleabhar, peann luaidhe agus dhá rialóir agam i mo mhála scoile
10. Ólaim bainne ag am lóin
11. Ithim banana ar maidin
12. Is fearr liom sicín agus rís

3. Provide the questions to the following answers

a. Ní maith liom feoil

b. Itheann sé chuile shaghas glasraí

c. Oibríonn sé mar mhúinteoir

d. Mar go bhfuil siad an-sláintiúil

e. Is aoibhinn liom rís agus sicín

f. Is fuath liom iasc

g. Ithim cúig phíosa torthaí gach lá

h. Is Éireannach mé

i. Níl peata agam sa bhaile

j. Is fearr liom uisce

k. Oibríonn m'athair mar gharda

l. Níl ach cóipleabhar agam i mo mhála scoile

4. Complete

a. A_____ b________ p_____ agat?

b. C_____ m_______ d_______ atá agat?

c. A_____ m_______ l__________ feoil?

d. C_______ a i________ t___ ar maidin?

e. C_____ é a___ b____ is fearr ________?

f. C_____ a_____s ___ m________ scoile agat?

g. C___ l_____a n-____________ tú do dhinnéar?

h. A____ m_________ leat iasc?

UNIT 13
Talking about clothes and accessories people wear, how frequently and when

Grammar Time 11: The Present tense of Caith and other regular verbs

Revision Quickie 3: Jobs/Food/Clothes/Numbers

In this unit you will learn how to:

- Say what clothes people wear in various circumstances and places
- Describe various types of weather
- Give a wide range of words for clothing items and accessories
- Use a range of words for places in town
- Make the full present tense of 'Caith' *to wear*

You will revisit:
- Time markers
- Frequency markers
- Colours
- Self-introduction phrases
- Noun-to-adjective agreement

UNIT 13
Talking about clothes

Nuair a bhíonn sé fuar, *When it is cold,* **Nuair a bhíonn sé te,** *When it is hot,* **Nuair a théim amach le mo chairde,** *When I go out with my friends,* **Nuair a théim amach le mo thuismitheoirí,** *When I go out with my parents,* **Nuair a imrím spórt,** *When I play sport,* **Ag an gclub oíche,** *At the nightclub,* **Ag an spórtlann,** *At the gym,* **Ar scoil,** *At school,* **Ar an trá,** *At the beach,* **Sa bhaile,** *At home,* **De ghnáth,** *Usually,* **Go minic,** *Often,*	**caithim** *I wear* **ní chaithim** *I don't wear* **caitheann X** *X wears* **ní chaitheann X** *X doesn't wear*	**barr** *a top* **bríste** *trousers* **caipín** *a baseball cap* **carbhat** *a tie* **cóta** *a coat* **cóta spóirt** *a sports jacket* **geansaí** *a jumper* **gúna** *a dress* **hata** *a hat* **mála** *a bag* **sciorta** *a skirt* **seaicéad** *a jacket* **slabhra** *a necklace* **uaireadóir** *a watch*	**bán** *white* **buí** *yellow* **dearg** *red* **donn** *brown* **dubh** *black* **glas** *green* **gorm** *blue* **ildaite** *multi-coloured* **liath** *grey* **oráiste** *orange*
		culaith *a suit* **culaith shnámha** *a swimsuit* **léine** *a shirt* **scaif** *a scarf* **t-léine** *a t-shirt* **veist** *a waistcoat*	**bhán** *white* **bhuí** *yellow* **dhearg** *red* **dhonn** *brown* **dhubh** *black* **ghlas** *green* **ghorm** *blue* **ildaite** *multi-coloured* **liath** *grey* **oráiste** *orange*
		brístí gearra *shorts* **brístí géine** *jeans* **bróga** *shoes* **bróga reatha** *sports shoes* **bróga sála arda** *high heel shoes* **éadaí spóirt** *sports clothes* **fáinní cluaise** *earrings* **stocaí** *socks* **cuaráin** *sandals* **slipéir** *slippers*	**bána** *white* **buí** *yellow* **dearga** *red* **donna** *brown* **dubha** *black* **glasa** *green* **gorma** *blue* **ildaite** *multi-coloured* **liatha** *grey* **oráiste** *orange* **dhearga** *red* **dhubha** *black*

Unit 13. Talking about clothes: VOCABULARY BUILDING

1. Match up

Caipín	A baseball cap
T-léine	Sports shoes
Gúna	Trousers
Bróga reatha	A suit
Bríste	A t-shirt
Culaith	Earrings
Fáinní cluaise	A dress

2. Translate into English

a. Caithim gúna dearg
b. Ní chaithim bróga reatha dubha
c. Caitheann sí brístí gearra buí
d. Caitheann sé geansaí gorm agus glas
e. Ní chaitheann m'athair spéaclaí
f. Ní chaitheann mo dheartháir léine
g. Caitheann mo chara seaicéad bán
h. Ní chaitheann muid éadaí spóirt
i. De ghnáth, caitheann sí slipéir
j. Caitheann sí cuaráin ar an trá
k. Ní chaitheann mo dheirfiúr cóta báistí
l. Ní chaitheann sí stocaí ildaite

3. Complete with the missing word

a. Sa bhaile, ____________ __________ ghlas
At home, I wear a green t-shirt

b. Ar scoil, ____________ __________ dubh
At school, I wear a black jumper

c. Ag an spórtlann, _________ éadaí spóirt ________
At the gym, I wear blue sports clothes

d. Ar an _______, caithim __________ __________
At the beach, I wear a swimsuit

e. ___ ___ _____ oíche, caithim ________ dubh agus ________ ________ ________ bána *At the nightclub, I wear a black dress and white high heel shoes*

f. Caithim _______ __________ __________
I wear white sports shoes

g. De ghnáth, _________ culaith *Usually, I wear a suit*

4. Anagrams [clothes and accessories]

a. únga =
b. negsaía =
c. thaa =
d. lrabhsa =
e. einlé =
f. tcóa =
g. baróg =
h. fsica =
i. rístbe =
j. láma =
k. uáracin =
l. nínfiá elcusia =

5. Associations – match each body part below with the words in the box, as shown in the examples

a. An cloigeann *head* – **hata**
b. Na cosa *feet* –
c. Na géaga *legs* -
d. An muineál *neck* –
e. An cliabhrach *upper body* –
f. Na cluasa *ears* –
g. An rosta *wrist* –

bríste	scaif	uaireadóir	cuaráin
geansaí	léine	t-léine	hata
stocaí	cóta	slipéir	caipín
bróga	slabhra	carbhat	fáinní cluaise

6. Complete

a. Caithim b________ *I wear shoes*
b. Sa b__________ *At home*
c. Caithim u___________ *I wear a watch*
d. Caitheann sé c__________ dearg
He wears a red tie
e. Caitheann sí c _________ ghorm
She wear a blue suit
f. Caitheann mo dheartháir v__________
My brother wears a waistcoat
g. Caitheann mo dheirfiúr g__________
My sister wears a dress

Unit 13. Talking about clothes: READING

Charlotte is ainm dom. Tá mé cúig bliana déag d'aois agus is duine spórtúil mé agus mar sin de, tá go leor éadaí spóirt agam. Is breá liom dathanna éagsúla agus lipéidí móra ach bíonn siad costasach le ceannach. Sa bhaile, caithim éadaí spóirt ach nuair a bhím le mo chairde, caithim fáinní cluaise deasa, gúna dearg agus dubh agus bróga compordacha an chuid is mó den am.

Ray is ainm dom. Tá mé trí bliana déag d'aois. Is breá liom a bheith ag ceannach éadaí, bróga deasa ach go háirithe. Tá go leor bróga costasacha agam agus is aoibhinn liom éadaí atá beagáinín éagsúil chomh maith. De ghnáth, caithim cótaí agus brístí gearra. Nuair a bhíonn sé te, caithim léiní gan mhuinghillí agus cuaráin. Is breá liom bróga reatha freisin. Tá níos mó ná fiche bróg agam, déarfainn!

Leah is ainm dom. Tá mé cúig bliana déag d'aois agus ceannaím éadaí sa siopa is fearr liom gach deireadh seachtaine! Tá go leor gúnaí deasa agus ildaite agam agus roinnt geansaithe dubha freisin. Is fearr liom an dath dubh thar aon dath eile. Nuair a bhíonn sé fuar, caithim cóta agus scaif a réitíonn go maith lena chéile ar ndóigh! Is maith liom bróga atá compordach.

Mícheál is ainm dom. Tá mé ceithre bliana déag d'aois agus téim ar scoil sa bhaile mór. Ní mór dúinn éadaí scoile a chaitheamh gach lá. Bíonn ar na daltaí geansaí gorm, léine bhán agus bríste liath a chaitheamh. Tar éis na scoile, téim go dtí an spórtlann. Caithim éadaí spóirt anseo atá éadroim agus éasca le baint díom nuair a bhím ag cur allais! Nuair a théim amach le mo chairde, caithim éadaí a bhíonn fíorchompordach ach galánta ag an am céanna.

1. Find the Irish in Charlotte's text

a. Fifteen years

b. Sporty

c. Many sports clothes

d. Brands

e. At home

f. When I am with

g. My friends

h. Earrings

i. A red and black dress

j. Comfortable shoes

2. Find the Irish for the following in Mícheál's text

a. We must

b. Uniform

c. Blue jumper and grey trousers

d. I go to the gym

e. Light

f. Easy to take off me

g. Sweating

h. When I go out

i. Very comfortable

3. Complete the following statements about Ray

a. He is ________ years old

b. He loves buying ________

c. He has many expensive ________

d. When it is warm, he wears ________ __________ and ___________

e. He has __________ __________ twenty pairs of shoes

4. Answer in Irish the questions below about Leah

a. Céard is ainm di?

b. Cén aois í?

c. Céard a dhéanann sí ag an deireadh seachtaine?

d. Céard é an dath is fearr léi?

e. Nuair a bhíonn sé fuar, céard a chaitheann sí?

5. Find someone who:

a. Really likes expensive clothes

b. Is thirteen years old

c. Wears light clothes in the gym

d. Wears earrings when she goes out with her friends

e. Likes clothes that are different

f. Has a lot of multi-coloured dresses

g. Is very sporty

h. Wears comfortable but elegant clothes

i. Wears a coat and scarf that match when it is cold

Unit 13. Talking about clothes: WRITING

1. Split sentences

Sa bhaile,	caithim scaif
Nuair a bhíonn sé te,	caithim slipéir
Ag an spórtlann,	éadaí costasacha
Nuair a bhíonn sé fuar,	caithim sciorta
Ní maith liom	caithim bróga reatha
Nuair a théim amach,	caithim gúna deas
Is maith liom éadaí	an dath is fearr liom
Is é bán	compordacha

2. Complete with the correct option

a. ________ ___ théim amach le mo ____________, caithim gúna dearg agus bróga compordacha

b. Ar scoil, ___________ na daltaí éadaí scoile liatha

c. Ag an spórtlann, caitheann muid _____________ spóirt

d. Ar an trá, caitheann muid ______________ ____________

e. Nuair a bhíonn sé te, caithim éadaí _____________

f. Sa bhaile, caithim ____________ dearg

g. Nuair a bhíonn sé fuar, caithim _________ _______

éadroime	caitheann	éadaí	culaith shnámha
geansaí	chairde	Nuair a	cóta mór

3. Spot and correct the grammar and spelling mistakes [note: in several cases a word is missing]

a. Nuair théann mé amach le mo tuismitheoirí, caitheann mé gúna ghalánata

b. Sa baile, caithim slipéir dubha

c. Níl go leor bróg ag mé

d. Go minic, caitheann mo dearthháir geansaithe dubh

e. Ar scoile, ní mór dúin éadaí scoil a caith

f. Is fear loim édaí atá costasach

g. Nuair a théann mé amach ag siúl, caithim bróg reatha

h. Is maith le sé geansaí spórt

4. Complete the words

a. S______________ *A skirt*

b. C______________ *A suit*

c. F______ ________ *Earrings*

d. B______________ *Trousers*

e. B______________ *Shoes*

f. S______________ *A scarf*

g. G______________ *A jumper*

5. Guided writing – write 3 short paragraphs in the first person [I] using the details below

Person	Lives	Always wears	Never wears	Hates
Alex	Dublin	A black dress	A trousers	earrings
Franc	Galway	A white t-shirt	A coat	A watch
Julia	Laois	jeans	shorts	A scarf

6. Describe this person in Irish using the third person:

Name: Joe

Lives in: London

Age: 20

Pet: a black dog

Hair: blond and curly

Always wears: suits

Never wears: jeans

At the gym wears: sports clothes, white sports shoes

Grammar Time 11: Verbs
Regular Verbs like Caith in the Present Tense

***Caith** *to wear*	Caith<u>im</u> / Ní chaith<u>eann</u> X / An gcaith<u>eann</u> X?
Rith *to run*	Rith<u>im</u> / Ní rith<u>eann</u> X / An rith<u>eann</u> X?
Léim *to jump*	Léim<u>im</u> / Ní léim<u>eann</u> X / An léim<u>eann</u> X?
Cuir *to put*	Cuir<u>im</u> / Ní chuir<u>eann</u> X / An gcuir<u>eann</u> X?
Bris *to break*	Bris<u>im</u> / Ní bhris<u>eann</u> X / An mbris<u>eann</u> X?
Tuill *to earn*	Tuill<u>im</u> / Ní thuill<u>eann</u> X / An dtuill<u>eann</u> X?
Fill *to return*	Fill<u>im</u> / Ní fhill<u>eann</u> X / An bhfill<u>eann</u> X?
****Dún** *to close*	Dún<u>aim</u> / Ní dhún<u>ann</u> X / An ndún<u>ann</u> X?
Gearr *to cut*	Gearr<u>aim</u> / Ní ghearr<u>ann</u> X / An ngearr<u>ann</u> X?
Scríobh *to write*	Scríobh<u>aim</u> / Ní scríobh<u>ann</u> X / An scríobh<u>ann</u> X?
Ól *to drink*	Ól<u>aim</u> / Ní ól<u>ann</u> X / An ól<u>ann</u> X?
Líon *to fill*	Líon<u>aim</u> / Ní líon<u>ann</u> X / An líon<u>ann</u> X?
Féach *to watch*	Féach<u>aim</u> / Ní fhéach<u>ann</u> X / An bhféach<u>ann</u> X?
Glan *to clean*	Glan<u>aim</u> / Ní ghlan<u>ann</u> X / An nglan<u>ann</u> X?

***Author's note:** *Caith is a **caol verb** as the **last vowel is either i** or **e** so in the present tense, <u>im/eann</u> is added to the end of the verb*
*** Dún is a **leathan verb** as the **last vowel is ether a, o** or **u** so in the present tense, <u>aim/ann</u> is added to the end of the verb*

DRILLS

1. Complete with the missing verb endings

a. Caith______ sí
b. Ól _______ muid
c. Fill _______
d. Ní ghlan_____ sí
e. Gearr____ mo dheartháir
f. Tuill_____ m'athair
g. An ndún_______ tú?
h. An rith_________ sé?
i Ní líon________ sibh
j. Féach____ tú

2. Complete with the missing verbs

a. ____________ mo mháthair go leor éadaí compordacha *My mother wears a lot of comfortable clothes*

b. ____________ mo dheartháir ar an teilifís *My brothers watches the TV*

c. De ghnáth, ____________ mo dheirfiúr gloine uisce *My sister usually drinks a glass of water*

d. Ní ____________ mo mhúinteoirí na rialacha *My teachers don't break the rules*

e. ____________ mo chara go leor fáinní cluaise *My friend wears lots of earrings*

f. ____________ mo sheomra ag an deireadh seachtaine *I clean my room at the weekend*

g. ____________ mo thusimitheoirí abhaile ar a hocht a chlog
My parents return home at eight o'clock

h. Ní ____________ mo chol ceathrar an raidió ar siúl *My cousin doesn't put the radio on*

3. Complete with the correct form of each verb

a. ____________ sí an fhuinneog *[bris]*

b. ____________ sí rás gach bliain *[rith]*

c. ____________ an múinteoir an doras sa seomra *[dún]*

d. An ____________ tú cóta báistí sa bháisteach? *[caith]*

e. Ní ____________ sé an miasniteoir *[líon]*

f. An ____________ tú ar an teilifís go minic? *[féach]*

g. ____________ sí níos mó airgid ná mé *[tuill]*

h. An ____________ tú glasraí? *[gearr]*

i. ____________ uisce gach lá *[ól]*

4. Complete with the correct form of the verb

a. An ____________ tú an balla? *[jump]*

b. ____________ éadaí scoile ar scoil *[wear]*

c. ____________ ar scannáin go minic *[watch]*

d. ____________ m'athair bainne ar maidin *[drink]*

e. An ____________ na páistí an bosca? *[fill]*

f. Ní ____________ siad go minic *[run]*

5. Translate into English

a. Ólann siad cupán tae ar maidin

b. Gearraim an féar gach Satharn

c. Ní chaitheann siad brístí gearra

d. Líonann sí an meaisín níocháin

e. Ní dhúnann siad an fhuinneog fiú agus é ag báisteach

f. Léimeann siad an balla agus an madra ag tafann

g. Ní bhriseann muid na rialacha

6. Translate into Irish

a. Do you wear sports shoes?

b. I fill the dishwasher

c. We clean the room everyday

d. My father runs in the morning

e. My mother doesn't clean her shoes

f. He watches a film in the cinema

g. What clothes do you wear often?

h. They don't wear uniform

i. At the gym, I drink water

j. He returns at one o'clock

Revision Quickie 3: Jobs/Food/Clothes/Numbers 20-100

1. Complete (numbers)

a. 100 = Cé
b. 90 = Nó
c. 30 = Tr
d. 50 = Ca
e. 80 = Oc
f. 60 = Se
g. 40 = Da

2. Translate into English (food and clothes)

a. Go minic
b. Sú oráiste
c. Sicín
d. Geansaí gorm
e. Sláintiúil
f. Cupán caife
g. Feoil
h. Bróga reatha
i. Slabhra
j. Bia na mara
k. Am dinnéir
l. Brístí gearra
m. Próitéin
n. Mairteoil

3. Write in a word for each letter in the categories below as shown in the example

Litir	Éadaí	Bia agus deochanna	Uimhreacha	Postanna
S	scaif	sailéad	seachtó	scríbhneoir
T				
C				
M				

4. Match up

X is ainm dom	Lunchtime
Tá ... agam	I have ...
Tá mé	I am
Ar maidin	I live
Mar	A server
Ólann sí	My name is X
Tá cónaí orm	She drinks
Oibríonn sé	A teacher
Am lóin	In the morning
Go minic	He works
Múinteoir	Often
Freastalaí	As

5. Translate into English

a. Ní chaitheann sí gúnaí
b. Ithim uibheacha ar maidin
c. Oibríonn m'athair mar dhochtúir
d. Ólann sí caife go minic
e. Is freastalaí í mo mháthair
f. Ní itheann sí feoil mar go bhfuil sí míshláintiúil
g. Is oibrí í mo dheirfiúr
h. Ní itheann muid mórán ag am lóin seachas ceapaire
i. Is fearr liom sceallóga agus sicín

UNIT 14
Saying what I and others do in our free time

Grammar Time: Imir, Déan, Téigh

In this unit you will learn how to say:

- What activities you do using the verbs 'Imir' *to play*, 'Déan' *to do* and 'Téigh' *to go*
- Other free time activities

You will revisit:

- Time and frequency markers
- Weather
- Expressing likes/dislikes
- Adjectives
- Pets

UNIT 14
Saying what I and others do in our free time

<table>
<tr>
<td>Imrím I play

Ní imrím
I don't play

Imríonn X
X plays

Ní imríonn X
X doesn't play</td>
<td>cártaí cards
cispheil basketball
ficheall chess
le mo chairde with my friends
leadóg tennis
peil football</td>
<td rowspan="3">go minic
often

uaireanta
sometimes

anois is arís
now and again

go hannamh
hardly ever/rarely

nuair a bhíonn an aimsir go maith
when the weather is good

nuair a bhíonn an aimsir go dona
when the weather is bad

dhá uair sa tseachtain
twice a week

dhá uair sa choicís
twice a fortnight

gach lá
every day

gach dara lá
every second day</td>
</tr>
<tr>
<td>Déanaim I do

Ní dhéanaim
I don't do

Déanann X X does

Ní dhéanann X
X doesn't do</td>
<td>dreapadóireacht climbing
gleacaíocht gymnastics
lúthchleasaíocht athletics
marcaíocht capaill horse riding
obair bhaile homework
rothaíocht cycling
sciáil skiing
spórt sport</td>
</tr>
<tr>
<td>Téim I go

Ní théim
I don't go

Téann X X goes

Ní théann X
X doesn't go</td>
<td>go teach mo charad
to my friend's house
go dtí an linn snámha to the pool
go dtí an trá to the beach
go dtí an pháirc to the park
go dtí an spórtlann to the gym
go dtí an t-ionad spóirt
to the sports centre
go dtí na sléibhte to the mountains

ag damhsa dancing
ag iascaireacht fishing
ag rothaíocht cycling
ag siúl walking
ag snámh swimming
ar shiúlóidí hiking</td>
</tr>
</table>

Unit 14. Free time: VOCABULARY BUILDING – Part 1

1. Match up

Imrím cispheil	I go dancing
Téim ag iascaireacht	I play chess
Téim ar shiúlóidí	I play basketball
Imrím cártaí	I go hiking
Téim ag snámh	I go swimming
Imrím ficheall	I do skiing
Téim ag damhsa	I play cards
Déanaim sciáil	I go fishing

2. Complete with the missing word

a. Imrím ________________ *I play chess*

b. Téim ag marcaíocht __________ *I go horse riding*

c. ________________ cártaí *I play cards*

d. Téim ag ________________ *I go cycling*

e. Imrím ________________ *I play basketball*

f. Téim ag ________________ *I go fishing*

g. Téim ar________________ *I do hiking*

h. ________________ ag snámh *I go swimming*

i. ________________ lúthchleasaíocht *I do athletics*

j. Ní dhéanaim ________ ________ *I don't do my homework*

iascaireacht	shiúlóidí	ficheall	rothaíocht	cispheil
Déanaim	capaill	Téim	m'obair bhaile	Imrím

3. Translate into English

a. Téim ag snámh

b. Déanaim m'obair bhaile

c. Ní dhéanann sé spórt

d. Téann Siún go dtí an spórtlann

e. Téann mo Dhaid ag iascaireacht

f. Imríonn mo dheartháir peil

g. Ní imríonn mo Mham cispheil

h. Téim le mo chairde go dtí an linn snámha gach lá

i. Déanann Max gleacaíocht gach lá

j. Ní théann Tadhg ar shiúlóidí nuair a bhíonn an aimsir go dona

4. Complete

a. Téim ag ________________ *I go horse riding*

b. Téann sé ________________ *He goes swimming*

c. Téann sé ________________ *He goes fishing*

d. Imríonn sí ________________ *She plays cards*

e. Ní imrím ________________ *I don't play chess*

f. Téann sí ar ______________ *She goes hiking*

g. Ní imríonn muid __________ *We don't play sport*

h. Déanaim ________________ *I do climbing*

5. Choose Imrím or Déanaim

a. ______________ peil

b. ______________ lúthcleasaíocht

c. ______________ snámh

d. ______________ cártaí

e. ______________ cispheil

f. ______________ leadóg

g. ______________ rothaíocht

h. ______________ ficheall

i. ______________ iascaireacht

6. Bad translation – spot any translation errors and fix them

a. Téann sé ag damhsa go hannamh *I often go dancing*

b. Ní imrím ficheall go minic *I play chess often*

c. Téim ag snámh go hannamh *I go swimming rarely*

d. Téann sí ar shiúlóidí nuair a bhíonn an aimsir go dona *When the weather is nice I go hiking*

e. Téim ag rothaíocht gach dara lá *I go cycling every day*

f. Imrím cispheil dhá uair sa choicís *I play chess twice a week*

g. Téann muid go dtí an spórtlann gach lá *I go to the gym every day*

Unit 14. Free time: READING

Thomas is ainm dom agus imrím go leor spóirt gach lá. Is í peil an spórt is fearr liom ach téim go dtí na sléibhte nuair a bhíonn an aimsir go maith agus déanaim dreapadóireacht. Nuair a bhíonn an aimsir go dona, imrím ficheall le mo Dhaid agus le mo dheartháir níos óige Seán. Chomh maith leis sin, imrím ar an Playstation le Seán.

Haigh, Ronan is ainm dom agus is breá liom a bheith ag rothaíocht le mo chairde. Uaireanta, téim ag snámh sa linn snámha. Anois is arís, téim ag damhsa san ionad spóirt áitiúil. Ag an deireadh seachtaine, téim ag dreapadóireacht freisin le cara liom Julie. Is as iarthar na hÉireann dúinn agus téann muid go dtí na sléibhte ansin.

Dia duit, Verónica is ainm dom agus is as Baile Átha Cliath dom. Ní duine spórtúil mé agus mar sin ní dhéanaim mórán spóirt. Imrím cluichí ríomhaire agus cártaí le mo shiblíní sa bhaile. Nuair a bhíonn an aimsir go maith, téim ar shúilóidí le mo Mham. Imrím leadóg le mo dhlúthchara Áine san ionad spóirt ach ní maith liom an spórtlann nó ag dul go dtí an linn snámha ach an oiread.

Haigh Nicola is ainm dom. Is duine an-ard agus láidir mé agus mar gheall air sin, imrím cispheil le mo chlub cispheile. Imríonn mé fhéin agus mo dheirfiúr Louise peil freisin agus is breá linn í! Gach coicís, téann mo theaghlach ag rothaíocht agus téann mo thuismitheoirí ag iascaireacht anois is arís mar gur daoine aclaí iad gan dabht.

1. Find the Irish for the following in Thomas' text

a. I play a lot of sport

b. My favourite sport

c. Climbing

d. Every day

e. When the weather is bad

f. I play chess

g. Also

h. I play on the Playstation

2. Find the Irish in Ronan's text for

a. I really like cycling

b. With my friends

c. Sometimes

d. I go swimming

e. I go dancing

f. I go climbing

g. With my friend Julie

3. Complete the following statements about Verónica

a. She is from ________________

b. She is not very _____________

c. She plays computer games and ______________

d. When the weather is nice, she goes ________________

e. She also plays tennis with her ______________________

f. She doesn't like the gym or going to the ________________

4. List 8 details about Nicola

a.

b.

c.

d.

e.

f.

g.

h.

5. Find someone who:

a. Plays chess with their father

b. Doesn't like swimming

c. Is not very sporty

d. Plays basketball with a club

e. Goes dancing now and again

Unit 14. Free time: TRANSLATION

1. Gapped translation

a. Téim ag damhsa go minic *I go dancing* _____

b. Imrím cispheil go hannamh *I rarely play* ___________

c. Ní imríonn sé leadóg *He* ________ ________ *tennis*

d. Imríonn muid _______________ *We play chess*

e. Imríonn mo Dhaid _____________ *My Dad plays cards*

f. Anois is arís, téim ar shiúlóidí *Now & again, I go* _________

g. Gach lá, téim ag rothaíocht ________ _____, *I go cycling*

h. Nuair a bhíonn an aimsir go ________ , téim ag ________________ *When the weather is good, I go fishing*

2. Translate into English

a. Anois is arís

b. Spórtlann

c. Nuair a bhíonn an aimsir go dona

d. Le mo chairde

e. Gach coicís

f. Linn snámha

g. Aimsir

h. Dhá uair sa tseachtain

i. An t-ionad spóirt

3. Translate into English

a. Téann sí go dtí an spórtlann gach seachtain

b. Imríonn sé cártaí lena sheanathair

c. Ní théann muid ar shiúlóidí nuair a bhíonn an aimsir go dona

d. Déanann sí gleacaíocht san ionad spóirt

e. Ní imríonn siad peil ach imríonn siad cispheil

f. Déanann muid obair bhaile gach lá

4. Translate into Irish

a. Cycling: Ag r___________

b. Climbing: Ag d___________

c. Basketball: C___________

d. Fishing: I___________

e. Gymnastics: G___________

f. Computer games: C________ r_______

g. Chess: F___________

h. Cards: C___________

i. Hiking: A___ s___________

j. Athletics: L_______________________

5. Translate into Irish

a. I do athletics

b. I play chess

c. I do climbing

d. I go swimming

e. I do horse riding

f. I do gymnastics

g. I go dancing

h. I play computer games

i. I go cycling

j. I go hiking

Unit 14. Free time: WRITING

1. Split sentences

Téann sí	shiúlóidí
Imríonn siad	peil gach lá
Déanann siad sciáil	ficheall
Téann sí ag snámh	ar na sléibhte
Ní théann muid ar	sa linn snámha
Téann Úna ag	ag snámh
Imríonn siad peil	dreapadóireacht
Imríonn sí	leis an gclub peile

2. Complete the sentences

a. Imríonn siad peil gach __________

b. Téann siad ag ________________

c. ______________ ficheall le mo dheartháir

d. _____________ marcaíocht capaill le mo chairde

e. Imríonn sé cispheil, ________ agus ___________

f. Téann muid ag ________ sa linn _________

g. Déanann sé ________________ san ionad spóirt

h. Ní imríonn sibh __________ le Máire

i. Ní théim ag _________ go minic

3. Spot and correct mistakes [note: in some cases a word is missing]

a. Imríonn mé snámh

b. Déanann lúthchleasaíocht

c. Téann mé ag damhsa le chairde

d. Imríonn muid iascaireacht

e. Téann sí ag shúilóidí

f. Imríonn sé ficheall sa linn snámha

g. Téim go dtí teach mo chara

4. Complete the words

a. Roth________________

b. Dreap______________

c. Lúth______________

d. Sn______________

e. Marc_________ c__________

f. Fic________________

g. Cá______________

5. Write a paragraph for each of the people below in the first person singular (I):

Name	Sport	How often	Who with	Where	Why I like it
Julie	Swimming	Every day	My sister	The swimming pool	It is fun
Dylan	Gymnastics	Often	My friend James	The sports centre	It is healthy
Áine	Hiking	When the weather is good	My family	The mountains	It is enjoyable

Grammar Time 12: Imir, Déan and Téigh

Imir *to play*	
Imrím	**badmantan** *badminton*
Imríonn tú	**eitpheil** *volleyball*
Imríonn sé/sí	**haca** *hockey*
Imríonn muid	**iománaíocht** *hurling*
Imríonn sibh	**rugbaí** *rugby*
Imríonn siad	**sacar** *soccer*

Déan *to do*	
Déanaim	**bádóireacht** *boating*
Déanann tú	**dornálaíocht** *boxing*
Déanann sé/sí	**ealaín comhraic** *martial arts*
Déanann muid	**rámhaíocht** *rowing*
Déanann sibh	**rásaíocht cairr** *motor racing*
Déanann siad	**seoltóireacht** *sailing*
	tógáil meáchan *weight lifting*

Téigh *to go*	
Téim	**go dtí an abhainn** *to the river*
Téann tú	**go dtí an chúirt chispheile** *to the basketball court*
Téann sé/sí	**go dtí an chúirt leadóige** *to the tennis court*
Téann muid	**go dtí an halla damhsa** *to the dance hall*
Téann sibh	**go dtí an pháirc** *to the park*
Téann siad	**go dtí an pháirc imeartha** *to the pitch*
	go dtí an raon reatha *to the running track*
	go dtí an trá *to the beach*

- **ar an Luan** *on Monday*
- **ar an Máirt** *on Tuesday*
- **ar an gCéadaoin** *on Wednesday*
- **ar an Déardaoin** *on Thursday*
- **ar an Aoine** *on Friday*
- **ar an Satharn** *on Saturday*
- **ar an Domhnach** *on Sunday*
- **ag an deireadh seachtaine** *at the weekend*
- **tar éis na scoile** *after school*

1. Match up

Déanann muid	He/She does
Déanann sé/sí	We do
Déanann tú	You do
Déanann siad	I do
Déanann sibh	They do
Déanaim	You (pl) do

3. Translate into Irish

a. On Monday ________________

b. On Thursday ________________

c. On Wednesday ________________

d. On Saturday ________________

e. On Tuesday ________________

f. At the weekend ________________

g. On Friday ________________

h. On Sunday ________________

i. After school ________________

5. Spot and correct the translation errors

a. Téann tú ag iascaireacht *You go hiking*

b. Téann tú go dtí an pháirc
You go to the sports centre

c. Téann sibh go dtí an raon reatha
You (pl) go to the dance hall

d. Téann muid go dtí an trá nuair a bhíonn an aimsir go maith
We go to the beach when the weather is bad

2. Complete the sentence by filling in the missing word. Use the first letter as a hint

a. Imríonn sé i________________ ar an Luan

b. Déanann mo dheartháir s__________

c. An imríonn tú p________ leis an gclub?

d. An ndéanann tú d______________?

e. Ní imríonn sí e__________ ar an bpáirc

f. Déanann muid b______________ ar an abhainn

g. Téann siad go dtí an chúirt l__________ gach lá

h. Ní théann sé go dtí an raon r________ ar an Máirt

i. Imríonn tú cispheil ar an gcúirt c____________

4. Complete with either Imríonn, Déanann, Téann

a. ____________ Síle peil ar an bpáirc imeartha

b. ____________ sé ag snámh ar an Aoine

c. ____________ sí eitpheil san ionad spóirt

d. ____________ sé seoltóireacht lena theaghlach

e. ____________ siad rothaíocht tar éis na scoile

f. ____________ tú cluichí ríomhaire ar an gCéadaoin

g. ____________ Áine dornálaíocht go minic

h. ____________ Maxwell snámh anois is arís

i. ____________ Rachel sacar ar an Satharn

j. ____________ Peadar iománaíocht ar an Déardaoin

6. Complete the sentences below by filling in the missing letters

a. Téim ag i_ sc_ ireac_t *I go fishing*

b. Déanann siad s_olt_ir_ _cht *They do sailing*

c. Téann muid go dtí an _ _ _ *We go to the beach*

d. Déanann sé s_i_i_ *He does skiing*

7. Complete with a suitable location as appropriate

a. Téann Molly ag snámh sa ______________________

b. Déanann muid seoltóireacht ar an ______________

c. Déanann Liam dornálaíocht san ________________

d. Imríonn Lucy cispheil ar an gcúirt _____________

e. Imríonn sé iománaíocht ar an bpáirc ___________

f. Déanann Chris damhsa sa ____________________

g. Imríonn siad sacar ar an bpáirc ______________

h. Téann Jane ar shiúlóidí sna __________________

8. Complete each sentence with a suitable sport or activity

a. Déanann sí __________ ar an abhainn

b. Téann muid ag __________ gach lá

c. An ndéanann sibh ______ ar an Máirt?

d. Ní dhéanann mo dheirfiúr __________ san ionad spóirt

e. Ní imríonn sé ____________ ar an gcúirt leadóige

f. An imríonn siad _______ leis an gclub?

g. Téann Marc ag _________ ar na sléibhte gach Domhnach

h. Déanann mo chairde __________ ar an raon reatha

i. Imríonn mo shiblíní _________ ar an bpáirc imeartha

j. Téann siad _____ _________ dhá uair sa choicís

k. Imrím ____________ ar an Luan

9. Translate into English

a. Imrím peil go minic

b. Déanaim m'obair bhaile

c. Téann muid go dtí an spórtlann anois is arís

d. Ní théim ag snámh

e. Nuair a bhíonn an aimsir go maith, téim go dtí an trá

f. Uaireanta, imrím cispheil

g. Nuair a bhíonn an aimsir go dona, imrím cluichí

10. Translate into Irish

a. We never go to the swimming pool

b. They do sport rarely

c. She plays basketball every day

d. When the weather is good, I go hiking

e. I go cycling rarely

f. I do climbing on Saturday

g. My father and I play badminton often

h. My sister plays tennis twice a week

i. I go to the swimming pool on Tuesday

j. When the weather is bad, I go to the gym

k. They do homework rarely

l. We play chess now and again

UNIT 15
Talking about weather and free time

GRAMMAR TIME: Irregular verbs in the Present tense
Question skills: Weather/Free time/Clothes

In this unit you will learn how to say:

- What free time activities you do in different types of weather
- Where you do them **and** who with
- Words for places in town

You will also learn how to ask and answer questions about:

- Clothes
- Free time
- Weather
- The irregular verbs in the Present tense

You will revisit:

- Sports and hobbies
- The verbs 'Imir', 'Déan' and 'Téigh' in the Present tense
- Pets
- Places in town
- Clothes
- Family members

Unit 15
Talking about weather and free time

<table>
<tr><td colspan="2">Nuair a bhíonn an t-am agam,
When I have time,</td><td rowspan="2">imrím
I play

imríonn mo chara
my friend plays</td><td colspan="2" rowspan="2">cártaí cards
cispheil basketball
ficheall chess
leadóg tennis
peil football
le mo chairde with my friends
lena chairde with his friends
lena cairde with her friends</td></tr>
<tr><td>Nuair a bhíonn an aimsir
When the weather is</td><td>go maith,
good,

go dona,
bad,</td></tr>
<tr><td rowspan="3">Nuair a bhíonn sé
When it is</td><td rowspan="3">ag báisteach,
raining,
ag cur sneachta,
snowing,
ceomhar,
foggy,
fuar,
cold,
gaofar,
windy,
geal,
bright,
grianmhar,
sunny,
scamallach,
cloudy,
stoirmiúil,
stormy,
te,
hot,</td><td>déanaim
I do

déanann cara liom
my friend does</td><td colspan="2">dreapadóireacht rock climbing
lúthchleasaíocht athletics
marcaíocht capaill horse riding
rámhaíocht rowing
rothaíocht cycling
sciáil skiing
seoltóireacht sailing
spórt sport</td></tr>
<tr><td>Téim I go

téann Órla Órla goes</td><td>go teach
to the house of</td><td>mo charad my friend
a charad his friend
a carad her friend</td></tr>
<tr><td>téim go dtí I go to

téann mo chara go dtí
my friend goes to</td><td colspan="2">an abhainn the river
an halla damhsa the dance hall
an linn snámha the pool
an pháirc the park/pitch
an raon reatha the running track
an t-ionad siopadóireachta
the shopping centre
an t-ionad spóirt
the sports centre
an tuath the countryside
na sléibhte the mountains</td></tr>
<tr><td colspan="2">Ag an deireadh seachtaine,
At the weekend,

I rith na seachtaine,
During the week,

Uaireanta,
Sometimes,</td><td>fanaim I stay

fanann mo chara
my friend stays</td><td colspan="2">sa bhaile at home
i mo sheomra in my room

ina theach in his home
ina sheomra in his room

ina teach in her home
ina seomra in her room</td></tr>
</table>

Unit 15. Talking about weather and free time VOCABULARY BUILDING 1

1. Match up

Nuair a bhíonn sé grianmhar	When it is raining
Nuair a bhíonn sé te	When it is hot
Nuair a bhíonn sé ag báisteach	When it is bright
Nuair a bhíonn sé geal	When it is sunny

2. Complete with the missing word

a. Nuair a bhíonn an aimsir go __________
When the weather is bad

b. Nuair a bhíonn sé ag __________ agus ________
When it is raining and cold

c. Nuair a bhíonn sé ________ agus ________
When it is sunny and hot

d. Nuair a bhíonn sé __________, fanaim sa __________
When it is stormy, I stay at home

e. Nuair a bhíonn an __________ go maith, téim go dtí an __________ *When the weather is good, I go to the park*

f. Nuair a bhíonn sé ag cur __________, déanaim __________ ar na sléibhte
When it is snowing, I do skiing on the mountains

g. Nuair a bhíonn an _________ go dona, fanann mo chara sa _________
When the weather is bad, my friend stays at home

3. Translate into English

a. Nuair a bhíonn sé grianmhar

b. Nuair a bhíonn sé ceomhar

c. Nuair a bhíonn sé geal

d. Nuair a bhíonn sé ag cur sneachta

e. Nuair a bhíonn sé scamallach

f. Nuair a bhíonn an aimsir go maith

g. Nuair a bhíonn sé fuar

h. Nuair a bhíonn an aimsir go dona

i. Nuair a bhíonn sé te

j. Nuair a bhíonn sé gaofar

4. Anagrams [weather]

a. rufa =	e. ebchaáist =	i. elga =
b. gfaora =	f. csahtane =	j. anmhgrria =
c. crheoma =	g. ahmti =	k. misitlioúr =
d. dnoa =	h. lhcsmacaal =	l. et =

5. Associations – match each weather word below with the clothes/activities in the box

a. Nuair a bhíonn sé grianmhar–

b. Nuair a bhíonn sé ag báisteach–

c. Nuair a bhíonn sé fuar–

gúna	caipín	cóta báistí	ag snámh
ag sciáil	dreapadóireacht	t-léine	siúlóidí
scaif	cuaráin	cóta	hata

6. Complete

a. Tá an aimsir go m______
The weather is good

b. Fanaim sa b_________ *I stay at home*

c. Nuair a bhíonn sé ag b______________
When it is raining

d. Is maith liom é nuair a bhíonn sé t____
I like it when it is hot

e. T_______ go dtí an trá *I go to the beach*

f. Nuair a bhíonn sé s_______________
When it is stormy

g. Nuair a bhíonn sé g________
When it is bright

Unit 15. Talking about weather and free time: VOCABULARY BUILDING 2

1. Match up

Imrím cártaí	I go dancing
Téim ag damhsa	In his room
Déanaim marcaíocht capaill	Joe goes fishing
Téann Joe ag iascaireacht	I play tennis
Ina sheomra	I do horseriding
Imrím leadóg	I play cards

2. Complete with the missing word

a. Fanaim i _______ sheomra *I stay in my room*

b. Téann mo chara go dtí an _________
My friend goes to the beach

c. Téim go _________ mo _______ tar éis na _________
I go to my friend's house after school

d. Téim go dtí an t- ________ ________ uaireanta
Sometimes, I go to the sports centre

e. Déanaim m'_________ bhaile i rith na ______________
I do my homework during the week

f. Is breá liom an d___________ seachtaine mar go n-imrím le mo ______________
I really like the weekend because I play with my friends

g. ___________ mo chara Jason go teach a ___________
My friend Jason goes to his friend's house

3. Translate into English

a. Teach mo charad

b. Ina seomra

c. Ina sheomra

d. Teach a carad

e. Sa bhaile

f. Teach a charad

g. Fanann sí ina teach

h. Fanann sé sa bhaile

4. Anagrams [activities]

a. rscaa =

b. nmhás =

c. rachottohí =

d. ídhoncaotrál =

e. isálci =

f. picehlish =

g. lpie =

h. gctleoahací =

i. táiólg hmacneá =

j. ehpileit =

k. ahca =

l. rcotámahhí =

5. Broken words

a. I_____________ p________ l_____ m___ c__________
I play football with my friends

b. I_______ m'________ M_______ c_________
My aunt Maria plays cards

c. T________ g___ t__________ m__ c_________
I go to my friend's house

d. T_________ J_____ g__ d______ a ___ t-________ s_________
Joe goes to the sports centre

e. D___________ m____________ c_______ l__ m__ c_____
I do horse riding with my friends

f. F________ m___ c_______ s___ b________ a_____ d______s__ o________ b________ *My friend stays at home and does homework*

6. Complete

a. Téim ____ __________ *I go walking*

b. Fanann sé _____ ___________
He stays at home

c. Téann sé ______ __________
He goes swimming

d. Téim go dtí an ______________
I go to the gym

e. Téim go dtí an _________ ___________
I go to the pool

f. Fanaim ______ _______ *I stay home*

g. Téim go dtí an __________ _________
I go to the sports centre

Unit 15. Talking about weather and free time: READING

Pat is ainm dom. Is as Cill Dara dom agus tá mé aon bhliain déag d'aois. Is maith liom spórt agus nuair a bhíonn sé grianmhar, téim go dtí an pháirc le mo mhadra. Toby is ainm dó agus tá sé dhá bhliain d'aois. Tá sé beag agus dubh agus is madra greannmhar é. Téim ag snámh agus caithim culaith shnámha ar an trá. Is breá liom é nuair a bhíonn an deis agam.

Haigh, Chloe is ainm dom. Is duine an-spórtúil mé agus is breá liom dreapadóireacht nuair a bhíonn sé te agus geal. Déanaim iascaireacht freisin ar an abhainn le mo sheanathair ach uaireanta bíonn sé leadránach. Is breá liom damhsa agus téim féin agus cara liom Sinéad go dtí an halla damhsa darb ainm 'Jazz & Razz' ag an deireadh seachtaine. Caitheann muid bríste agus t-léine ann. Fanaim ina teach agus itheann muid sceallóga don dinnéar.

Isabela is ainm dom. Tá mé trí bliana déag d'aois agus is breá liom rothaíocht agus ag dul ar shiúlóidí ar na sléibhte go minic le mo theaghlach. Nuair a bhíonn sé stoirmiúil, imrím cártaí nó cluichí ríomhaire le mo dheartháir níos óige. Is duine deas agus lách é mo dheartháir Eoin. Tá madra amháin agam agus Bobby is ainm dó. Is maith leis bia agus itheann sé sicín.

Laura is ainm dom agus tá cónaí orm in iarthuaisceart na hÉireann ar an gcósta. Tá teach mór agam agus is breá liom é! Tá ceathrar i mo theaghlach, mo chat beag san áireamh. Mini is ainm dó agus ólann sé bainne gach lá. Téann mé fhéin agus mo theaghlach go dtí an trá nuair a bhíonn an aimsir go maith agus te. Téann muid ag siúl ar an trá le chéile.

1. Find the Irish for the following in Pat's text

a. I am from Kildare

b. I am 11 years old

c. I like

d. When it is

e. Sunny

f. I go to the park

g. With my dog

h. Small and black

i. A swimsuit

j. The beach

2. Find the Irish for the following in Chloe's text

a. When it is hot

b. And bright

c. Climbing

d. I do fishing

e. Boring

f. I go dancing

g. A t-shirt

h. That is called

i. I stay

j. In her house

3. Complete the following statements about Isabela

a. She is _______________ years old

b. She really likes ____________ and ______________________

c. She goes hiking on the ___________________ often

d. When it is stormy, she plays__________ or ___________ ______________ with her __________ brother

e. Isabela thinks her brother is a __________ and _________ person

4. Answer in Irish the questions below about Laura

a. Céard is ainm di?

b. Cá bhfuil cónaí uirthi?

c. Cén sórt tí atá aici?

d. Cé mhéad duine atá ina teaghlach?

e. Cén peata atá aici?

f. Céard is ainm don pheata?

g. Cá dtéann sí nuair a bhíonn an aimsir go maith?

5. Find someone who:

a. Likes to go swimming

b. Is from the north west of Ireland

c. Has a big house

d. Has a kind brother

e. Has a dog who eats chicken

f. Goes to the dance hall

g. Goes fishing with their grandfather

h. Goes to the park with their dog

Unit 15. Talking about weather and free time: WRITING

1. Split sentences

Téann muid go dtí an spórtlann	nuair a bhíonn sé ag cur sneachta
Itheann muid uachtar reoite	nuair a bhíonn sé ag báisteach
Déanann muid sciáil	nuair a bhíonn an aimsir go dona
Caitheann muid scaif agus hata	nuair a bhíonn an aimsir go maith
Téann muid ar shiúlóidí	nuair a bhíonn sé gaofar
Fanann muid inár dteach	nuair a bhíonn sé te
Caitheann muid cótaí báistí	nuair a bhíonn sé fuar
Ní dhéanaim dreapadóireacht	nuair a bhíonn sé stoirmiúil

2. Complete with the correct option

a. __________ a bhíonn an aimsir go maith, téann muid ag __________

b. _____ ______ na scoile, déanann sí a hobair bhaile

c. Nuair a _________ an aimsir go dona, __________ cóta agus scaif

d. Nuair a ________ mo chara i mo theach, imrím cártaí

e. Déanann muid iascaracht ar an __________

f. Téann muid ag damhsa sa _______ damhsa go minic

g. Imríonn sí peil ar an bpáirc _________ ar an Luan

bhíonn	imeartha	caithim	snámh	halla
Tar	Nuair	abhainn	fhanann	éis

3. Spot the mistakes and correct the sentences below

a. Nuair a bhíonn an aimsir gaofar, caitheann muid culaith shnámha

b. Imríonn Síle leadóg ar an gcúirt chispheile

c. Téann Roibeard ar shiúlóidí ar an abhainn

d. Nuair a bhíonn sé stoirmiúil, téann muid ag drepadóireacht

e. Téann muid ag snámh sa spórtlann ar an gCéadaoin

f. Ní fhanann sí ina teach nuair a bhíonn an aimsir go dona

g. Caitheann sí spéaclaí gréine nuair a bhíonn sé fuar

h. Itheann muid uachtar reoite nuair a bhíonn sé ag báisteach

4. Complete the words

a. F________________ *Cold*

b. T________________ *Hot*

c. S________________ *Cloudy*

d. G________________ *Sunny*

e. S________________ *Stormy*

f. G________________ *Windy*

g. C________________ *Foggy*

5. Guided writing – write 3 short paragraphs in the first person [I] using the details below

Person	Lives	Weather	Activity	With
Eloise	Donegal	good weather	goes to the park	friends
Sam	Kerry	hot and sunny	goes to the beach	dog
Juliet	Offaly	cold and rainy	stays at home	older sister

6. Describe this person in Irish using the third person:

Name: Paula

Lives: Wicklow

Age: 13

Pet: A white dog

Weather: Sunny and good weather

Always: Goes to the countryside and does hiking

Never: Stays at home and does homework

Grammar Time13: Irregular Verbs

The Present Tense

Bí, Abair, Feic, Faigh, Téigh, Déan, Ith, Beir, Clois, Tabhair and Tar are irregular verbs in all tenses in Irish

Bí *to be*
Tá X / Níl X / An bhfuil X? Bíonn X / Ní bhíonn X / An mbíonn X? (present tense continuous)
Abair *to say*
Deirim / Ní deir X / An ndeir X?
Feic *to see*
Feicim / Ní fheiceann X / An bhfeiceann X?
Faigh *to get*
Faighim / Ní fhaigheann X / An bhfaigheann X?
Téigh *to go*
Téim / Ní théann X / An dtéann X?
Déan *to make/do*
Déanaim / Ní dhéanann X / An ndéanann X?
Ith *to eat*
Ithim / Ní itheann X / An itheann X?
Beir + 'ar' *to grab/catch*
Beirim / Ní bheireann X / An mbeireann X?
Clois *to hear*
Cloisim / Ní chloiseann X / An gcloiseann X?
Tabhair *to give*
Tugaim / Ní thugann X / An dtugann X?
Tar *to come*
Tagaim / Ní thagann X / An dtagann X?

1. Complete with the one of the irregular verbs (first person singular)

a. ___________ cónaí orm i dteach	f. ___________ spraoi le mo chat	k. ___________ cáca sa chistin
b. ___________ ceapaire don lón	g. ___________ m'éan ag canadh	l. ___________ ag damhsa
c. ___________ ag snámh	h. ___________ milseáin do Mháire	m. ___________ an fhuaim ait
d. ___________ ar an liathróid	i. ___________ abhaile ón scoil	n. ___________ dinnéar ar a 7
e. ___________ síob abhaile	j. ___________ na paidreacha	o. ___________ cúnamh dó

2. Rewrite the sentences in the first column in the question form (using tú)

	Question
Déanaim obair bhaile	
Ithim an lón sa chistin	
Tagaim abhaile go luath	
Beirim ar an sliotar	
Deirim na focail le m'athair	

3. Translate into English

a. Cloiseann sí na héin ag canadh gach lá

b. Tugann sé brioscaí dá dheartháir

c. Feiceann muid na madraí ag déanamh spraoi

d. Tagann tú abhaile ar a hocht a chlog

e. Itheann tú stéig don dinnéar

f. Deir mo sheanmháthair a paidreacha

g. Faigheann tú brontannais gach seachtain

h. Téann tú go teach do charad

4. Complete the sentences with an irregular verb.

The first letter is given as help

a. T___________ bia do mo mhadra beag

b. T ___________ cónaí ar Shíle in árasán mór

c. B___________ Henry ar an ngloine sa chistin

d. F___________ Úna airgead póca ar an Satharn

e. I___________ sé bradán agus sceallóga ar an Aoine

f. C___________ m'athair torann i rith na hoíche

5. Complete the table by translating the verb

Irish	English
Cloiseann sé	
Itheann muid	
Tugann sí	
Beireann siad ar	
Deirim	

6. Translate into Irish

a. I go the swimming pool with Liam often

b. Áine eats meat for dinner

c. My brother has blond hair and blue eyes

d. My father is forty years old

e. I get pocket money at the weekend

f. I hear two birds singing now and again

g. I make a big cake with my mother

Revision Quickie 4: Weather/Free time/Clothes

1. Match up

Téann muid go dtí an t-ionad spóirt	We go to the river
Téann muid go dtí an pháirc	We go to the mountains
Téann muid go dtí an chúirt chispheile	We go to the gym
Téann muid go dtí an spórtlann	We go to the sports centre
Téann muid go dtí na sléibhte	We go to the park
Téann muid go dtí an abhainn	We go to the basketball court

2. Weather – Complete

a. Scamalla_ _

b. Gao_ _ _

c. Mai_ _

d. Snea_ _ _ _

e. Ag c_ _ sne_ _ _ _ _

f. Ce_ _ _ _ _

g. Ag bá_ _ _ _ _ _ _ _

h. Stoirm_ _ _ _

i. G_ _ _

3. Fill in the gaps in Irish

a. Nuair a bhíonn sé f_______, caithim c_____________ *When it is cold, I wear a coat*

b. Nuair a bhíonn an a______ go d______, fanaim sa b_________ *When the weather is bad, I stay at home*

c. Nuair a bhíonn sé g__________, téim go dtí an t_________ *When it is sunny, I go to the beach*

d. Nuair a théim go dtí an s___________, caithim é_________ s__________
When I go to the gym, I wear sports clothes

e. Nuair a bhíonn sé t_________, téim go dtí an l_________ s_____________
When it is hot, I go to the swimming pool

f. Nuair a bhíonn sé g__________, téim go dtí an p_________ *When it is sunny, I go to the park*

4. Translate into Irish

a. When it is hot

b. When it is cold

c. I play basketball

d. I do my homework

e. I go climbing

f. When I have time

g. I go to the swimming pool

h. I go to the gym

5. Translate into Irish

a. I wear a coat

b. We wear a uniform

c. They play basketball

d. She goes climbing

e. When he has time

f. They go swimming

g. My parents do sport

h. She plays football often

Question Skills 3: Weather/Free time/Clothes

1. Translate into English

a. An gcaitheann tú cóta nuair a bhíonn sé fuar?

b. An itheann tú ceapaire sicín don lón?

c. An imríonn tú spórt?

d. An dtéann tú ar shiúlóidí ar na sléibhte?

e. An ndéanann tú iascaireacht ar an abhainn?

f. An gcaitheann Sadhbh cóta nuair a bhíonn sé grianmhar?

g. An imríonn siad eitpheil ar an gcúirt leadóige ar an Satharn?

2. Complete with the missing verb

a. An __________ tú obair tí i do theach?

b. An __________ tú airgead ó do thuismitheoirí?

c. An __________ tú na madraí ag tafann?

d. An __________ tú abhaile déanach ar an Aoine?

e. An __________ tú iasc don dinnéar gach lá?

f. An __________ tú aire do do pheataí?

g. An __________ tú leis go bhfuil tú déanach?

h. An __________ tú ar an gcupán agus é ag titim?

i. An __________ tú an ceol uafásach sin?

3. Split questions

Déanann muid	nuair a bhíonn sé te
Caitheann muid	lón ar a haon a chlog
Itheann muid ár	ag rothaíocht
Téann muid	sa halla damhsa
Caitheann sí a cóta	bróga gach lá
Ní ólann sé tae	nuair a bhíonn sé fuar
Téann siad go dtí	cáca sa chistin
Téann sí ag damhsa	an t-ionad spóirt

4.Translate into Irish

a. Do you make?

b. Does she grab?

c. Does he eat?

d. Do we go?

e. Do I give?

f. Does Scott make?

g. Do I hear?

h. Does he say?

i. Does Sarah come home?

5. Write the questions to these answers

a. Téann muid ag seoltóireacht

b. Caitheann sí gúna nó sciorta

c. Déanann sí gleacaíocht san ionad spóirt

d. Itheann muid glasraí leis an dinnéar

e. Caitheann siad cótaí báistí

f. Téann muid go dtí an pháirc leis an madra

g. Ní dhéanann muid dreapadóireacht

6. Translate into Irish

a. Where do you play tennis?

b. What do you do when you have time?

c. How many shoes do you have?

d. What is your favourite hobby?

e. Do you play sport often?

f. At what time do you do your homework?

UNIT 16
Talking about daily routine

In this unit you will learn how to say:

- What one does every day
- At what time one does it
- Sequencing events/actions (e.g. using 'then', 'finally')

You will revisit:

- Numbers
- Free time activities
- Nationalities
- Clothes
- Hair and eyes
- Food
- Jobs

UNIT 16
Talking about daily routine

Timpeall... *around...*		**cuirim m'éadaí orm fhéin** *I get dressed*	
Ar a haon a chlog *At 1 o'clock*		**déanaim m'obair bhaile** *I do my homework*	
Ar a cúig a chlog *At 5 o'clock*	**ag meánlae,** *at midday,*		
Ar a sé a chlog *At 6 o'clock*		**éirím** *I get up*	
Ar a seacht a chlog *At 7 o'clock*		**fágaim an teach** *I leave the house*	**ansin** *then*
Ar chúig nóiméad tar éis a hocht *At 8.05*	**ag meánoíche,** *at midnight,*	**imrím cluichí ríomhaire** *I play computer games*	
Ar dheich nóiméad tar éis a hocht *At 8.10*			
Ar cheathrú tar éis a hocht *At 8.15*	**ar maidin,** *in the morning,*	**ithim mo bhricfeasta** *I eat my breakfast*	**faoi dheireadh** *finally*
Ar fhiche nóiméad tar éis a hocht *At 8.20*		**ithim mo dhinnéar** *I eat my dinner*	
Ar fhiche cúig nóiméad tar éis a hocht *At 8.25*	**san oíche,** *at night,*	**ithim mo lón** *I eat my lunch*	**ina dhiaidh sin** *after that*
Ar leathuair tar éis a hocht *At 8.30*		**ligim mo scíth** *I relax*	
Ar fhiche cúig nóiméad chun a naoi *At 8.35*			
Ar fhiche nóiméad chun a naoi *At 8.40*	**um thráthnóna,** *in the evening,*	**scuabaim m'fhiacla** *I brush my teeth*	
Ar cheathrú chun a naoi *At 8.45*		**téim ar scoil ar an mbus** *I go to school by bus*	
Ar dheich nóiméad chun a naoi *At 8.50*			
Ar chúig nóiméad chun a naoi *At 8.55*		**téim i mo luí** *I go to bed*	

Unit 16. Talking about daily routine: VOCABULARY BUILDING (Part 1)

1. Match up

Éirím	I go to sleep
Téim ar scoil	I eat
Téim i mo luí	I get up
Ithim	I eat my breakfast
Ligim mo scíth	I relax
Ithim mo bhricfeasta	I come back
Tagaim ar ais	I go to school

2. Translate into English

a. Éiríonn sé ar a sé a chlog

b. Téim i mo luí ar a deich a chlog

c. Ithim mo lón ag meánlae

d. Ithim mo bhricfeasta ar chúig nóiméad tar éis a hocht

e. Ligeann Seán a scíth ag meánlae

f. Féachann Úna ar an teilifís ar leathuair tar éis a seacht

g. Éisteann muid le ceol

h. Fágann sí an teach ar a ceathair a chlog

i. Téann siad ina luí ar a deich a chlog

3. Complete with the missing words

a. ____________ ar scoil *I go to school*

b. ____________ an teach *I leave the house*

c. ____________ ar ais *I come back home*

d. ____________ mo bhricfeasta *I eat my breakfast*

e. ____________ m'obair bhaile *I do my homework*

f. ____________ le ceol *I listen to music*

g. ____________ cluichí ríomhaire *I play computer games*

h. __________ _______ ag meánlae *I eat lunch at noon*

4. Complete the gaps

a. __________ mo scí____ *I relax*

b. ______im i mo l____ *I go to sleep*

c. _________ le c_____l *I listen to music*

d. _________ bricf__________ta *I eat breakfast*

e. ______ mo d________r *I eat my dinner*

f. __________ ar scoil *I go to school*

g. ___________ *I get up*

h. S_______ m'f_______ *I brush my teeth*

5. Faulty translation – spot and correct any translation mistakes. Not all translations are wrong.

a. Téim faoin gcith gach lá *I shower a bit*

b. Téann sí ina luí ag meanoíche *I go to bed*

c. Déanaim m'obair bhaile *I do my homework*

d. Ithim mo bhricfeasta *I have lunch*

e. Tagann sí ar ais ón scoil *I come back from school*

f. Fágaim an scoil *I leave the school*

g. Féachann sé ar an teilifís *I watch TV*

h. Fágann sí an teach *I leave school*

i. Scuabaim m'fhiacla *I wash my hands*

6. Translate the following times into Irish

a. At 6.30 a.m.

b. At 7.30 p.m.

c. At 8.20 p.m.

d. At midday

e. At 9.20 a.m.

f. At 11.00 a.m.

g. At midnight

h. At 5.15 p.m.

Unit 16. Talking about daily routine: VOCABULARY BUILDING (Part 2)

1. Complete the table

Téann sé ina luí	
	I brush my teeth
Éirím	
	I come back
Leathuair tar éis a hocht	
Itheann sí lón	
	I eat my dinner
Éisteann siad le ceol	
	I leave the house
Ithim mo bhricfeasta	
Ligim mo scíth	
	I do my homework

2. Complete the sentences

a. Ar leathuair _____ _____ _ _________ *At 7.30*

b. Timpeall ar ___ __________ a chlog *At 5.00*

c. Ar a _________ a chlog *At 8.00*

d. Ag ______________ *At midday*

e. Ar ________ tar éis a haon ______ *At 11.15*

f. Ar fhiche _________ a trí *At 2.40*

g. Ag _____________ *At midnight*

h. Ar a ______ a chlog *At 4.00*

i. Ar a ________ a chlog *At 7 .00*

j. Ar _________ chun a hocht *At 7.55*

k. Ar a ___________ a chlog *At 2.00*

l. Ar fhiche _______ chun a ______ *At 5.35*

m. Ar a ___________ a chlog *At 10.00*

3. Translate into English (numerical)

a. Ar leathuair tar éis a hocht ar maidin = At 8.30 a.m.

b. Ar a naoi a chlog san oíche = _______________________________

c. Ar chúig nóiméad chun a naoi san oíche = _______________________________

d. Ag meánlae = ______________________

e. Ag meánoíche = ______________________

f. Ar fhiche chun a trí um thráthnóna = _______________________________

4. Complete

a. Ar l_________ t_ é__ a c_________ *At 5.30*

b. Ar c________ t__ e___ a h_____ *At 8.15*

c. A_ m______________ *At midday*

d. A_ c_______ c_______a h________ *At 7.45*

e. A_ m______________ *At midnight*

f. Ar l________ t__ é____a h_____ d____ *At 11.30*

g. A_ a d_____ a c_________ *At 10.00*

h. A_ d______ t___ e____ a c___________ *At 5.10*

5. Translate the following into Irish

a. I go to school at 8 in the morning

b. I come back at around 3 in the afternoon

c. I eat my dinner at 7.30 at night

d. I do my homework at around 5.30

e. I eat my breakfast at 6.45 in the morning

f. I go to bed at midnight

g. I eat my lunch at midday

Unit 16. Talking about daily routine: READING (Part 1)

Helena is ainm dom. Tá mé sé bliana déag d'aois. Tá titim amach an lae an-simplí agam. Go ginearálta, éirím ar a seacht a chlog ar maidin. Ina dhiaidh sin, cuirim m'éadaí scoile orm fhéin agus réitím mé fhéin don lá atá amach romham. Ithim mo bhricfeasta le mo theaghlach agus ansin, scuabaim m'fhiacla. Timpeall ar a hocht a chlog, fágaim an teach agus téim ar scoil ar rothar. Nuair a thagaim ar ais ón scoil, féachaim ar an teilifís ar feadh píosa. Téim go dtí an pháirc le mo chairde ansin go dtí a seacht a chlog. Ar a hocht a chlog, bíonn mo dhinneár agam le mo theaghlach. Ní ithim mórán ag an am sin mar go mbíonn sé deacair orm socrú.

Aindriú is ainm dom. Tá mé aon bhliain is fiche d'aois. Tá titim amach an lae an-simplí agam. Go ginearálta, éirím go luath ar maidin, timpeall ar a cúig a chlog. Téim ag rith faoin tuath agus ithim mo bhricfeasta ansin. Téim faoin gcith agus bím réidh don lá atá amach romham. Ólaim caife agus seacláid the ar an Aoine. Ansin, réitím mo mhála scoile agus fágaim an teach ar a hocht a chlog. Faighim síob ó mo mháthair mar go n-oibríonn sí in oifig in aice le m'áit oibre. Nuair a thagaim ar ais ón obair, is maith liom mo scíth a ligean ar feadh píosa. Féachaim ar an teilifís go dtí go bhfuil an dinnéar réitithe, ar a hocht a chlog, de ghnáth.

George is ainm dom. Tá mé trí bliana déag d'aois. Tá titim amach an lae an-simplí agam. Go ginearálta, éirím ar cheathrú tar éis a seacht ar maidin. Ina dhiaidh sin, ithim mo bhricfeasta le mo bheirt deartháireacha agus téim faoin gcith. Ansin, scuabaim m'fhiacla, fágaim an teach agus buailim an bóthar. Nuair a thagaim ar ais ón scoil, téim ar an ríomhaire agus imrím cluichí ar líne nó féachaim ar scannáin ar Netflix. Bím ag caint le mo chairde ar Whatsapp uaireanta ansin. Timpeall ar a seacht a chlog, ithim mo dhinnéar. Ithim rís agus sicín nó sailéad. Scuabaim m'fhiacla agus glanaim mo sheomra leapa freisin. Téim i mo luí go luath ansin.

1. Answer the following questions about Helena

a. How old is she?

b. At what time does she get up?

c. Who does she have breakfast with?

d. At what time does she leave the house in the morning?

e. Until what time does she stay at the park?

f. How does she go to school?

2. Find the Irish for the phrases below in Helena's text

a. In general

b. With my friends

c. I go to school by bike

d. I go to the park

e. I brush my teeth

f. I don't eat much

g. Until seven o'clock

h. I watch TV for a while

i. Hard for me to settle

3. Complete the statements below about Aindriú's day

a. He gets up at ____________________

b. He goes for a ____________

c. On Friday, he drinks ____________________

d. He prepares ____________________

e. He gets a lift __________ because __________ ____________________

f. Usually, he likes to ____________________ when he comes home from work

4. Find the Irish for the following phrases/sentences in George's text

a. I am thirteen years old

b. I shower

c. With my two brothers

d. I watch films

e. I eat rice and chicken or salad

f. I go on the computer

g. I eat my dinner

Unit 16. Talking about daily routine: READING (Part 2)

Jill is ainm dom. Tá mé sé bliana déag d'aois. Tá titim amach an lae an-simplí agam. Go ginearálta, éirím timpeall ar leathuair tar éis a sé ar maidin. Ina dhiaidh sin, téim faoin gcith agus ním mo ghruaig. Chomh maith leis sin, ithim mo bhricfeasta le mo mháthair. Ní itheann muid mórán rudaí ar maidin ar chor ar bith. Fágaim an teach ar a hocht a chlog agus tagaim ar ais ar a cúig a chlog. Ligim mo scíth agus féachaim ar an teilifís. Ansin, déanaim m'obair bhaile sula mbíonn mo dhinnéar agam. Uaireanta, féachann muid ar scannán le chéile sa seomra suí agus caitheann muid an oíche ag caint is ag comhrá!

Kim is ainm dom. Is as Sasana dom. Tá mé cúig bliana déag d'aois. Tá titim amach an lae an-simplí agam. Go ginearálta, éirím go moch ar maidin, timpeall ar leathuair tar éis a cúig. Déanaim píosa aclaíochta sa pháirc le mo Mham agus le mo dheirfiúr. Ina dhiaidh sin, bíonn bricfeasta againn sa bhialann áitiúil sula dtéim ar scoil. Fágaim an teach ar leathuair tar éis a hocht agus tagaim ar ais in am don dinnéar. Ní oibríonn m'athair agus mar sin de, réitíonn sé an dinnéar dúinn. Is fear an tí iontach é. Bíonn mo dhinnéar agam le mo theaghlach agus ligim mo scíth ina dhiaidh sin. Sula dtéim i mo luí, scuabaim m'fhiacla agus cuirim éadaí compordacha orm.

Anna is ainm dom. Is Éireannach mé. Tá mé sé bliana déag d'aois. Tá titim amach an lae an-simplí agam. Go ginearálta, éirím ar cheathrú tar éis a sé ar maidin. Ina dhiaidh sin, téim faoin gcith agus réitím mo mhála scoile. Téim ar scoil ar an mbus agus tagaim ar ais ar leathuair tar éis a dó. Go ginearálta, téim ar líne sula ndéanaim m'obair bhaile nó aon obair tí. Ar a hocht a chlog, cabhraím le mo mháthair agus an dinnéar á réiteach aici. Gearraim na glasraí agus leagaim agus réitím an bord. Itheann muid le chéile sa seomra bia é. Bím ag léamh leabhair sula dtéim i mo luí ag meánoíche.

1. Find the Irish for the following in Jill's text

a. Sixteen years

b. My daily routine

c. I shower

d. Very simple

e. At around 6.30

f. We don't eat much

g. I watch TV

h. I come back

i. I do my homework

j. Before I have my dinner

k. We watch a film

2. Translate these items from Kim's text

a. I am from England

b. Generally

c. Around 5.30

d. With my Mam and sister

e. I come back

f. In time for dinner

g. I have my dinner with my family

h. I relax after that

i. I brush my teeth

j. Comfortable clothes

3. Answer the following questions on Anna's text

a. What nationality is Anna?

b. At what time does she get up at?

c. What three things does she do after school?

d. How does she go to school?

e. What does she do in the morning?

f. At what time does she go to bed?

g. Who does she help when making the dinner?

h. What does she read before going to bed?

4. Find someone who:

a. Goes exercising with her mother and sister

b. Reads a book at night

c. Watches a film at night

d. Gets up at 5.30am

e. Has breakfast in a restaurant

f. Goes online after school

g. Returns home at 5 o'clock

Unit 16. Talking about daily routine: WRITING

1. Split sentences

Téim ar scoil	go moch ar maidin
Tagaim ar ais	m'obair bhaile
Déanaim	ar an mbus
Féachaim ar	an teilifís
Imrím	ag meánoíche
Éirím	an teach
Téim i mo luí	timpeall ar a dó a chlog
Fágaim	cluichí ríomhaire

2. Complete with the correct option

a. Éiríonn sí ar a ________ a chlog ar maidin

b. Déanaim ________ bhaile

c. Féachann muid ____ ___ teilifís

d. Imríonn sí ar an ______________

e. Téim i mo ___________ ag meánoíche

f. Tagann siad ar ais ___________

g. Scuabaim ______________

h. Téann muid ar ________ ar an mbus

ar an	luí	sé	ón scoil
m'fhiacla	m'obair	scoil	ríomhaire

3. Spot and correct the grammar and spelling mistakes [in several cases a word is missing]

a. Téann ar scoil rothar

b. Éiríonn mé a seacht chlog

c. Fágann sían teacht ar a hocht chlog

d. Téim scoil

e. Téann sí ar scoil ar an bus

f. Téim luí timpeall ar meánlae

g. Ithim mo dhinnéar le mo teaghlach

h. Déanaim mo obair baile ar cheathrú tar éis a naoi

4. Complete the words

a. Ce_______ *Quarter*

b. Le____________ _____ _____ *Half past*

c. Ar a d_______ a c______ *At 10 o'clock*

d. T__________ *Around*

e. A__ a h_______ a c_______ *At 8 o'clock*

f. F________ *Twenty*

g. A_________ *Then*

h. It_______ m__ l____ *I eat my lunch*

i. T__________ ar a___ *I come back*

j. I___________ *I play*

5. Guided writing – write 3 short paragraphs in the first person [I] using the details below

Person	Gets up	Showers	Goes to school	Comes back home	Watches TV	Eats dinner	Goes to bed
Eileen	6.30	7.00	8.05	3.30	6.00	8.10	11.10
Sam	6.40	7.10	7.40	4.00	6.30	8.15	12.00
Avril	7.15	7.30	8.00	3.15	6.40	8.20	11.30

Revision Quickie 5: Clothes/Food/Free Time/Describing people

1. Clothes – Match up

Scaif	A baseball cap
Carbhat	A skirt
Gúna	A dress
Caipín	A shirt
Stocaí	A t-shirt
Léine	Shorts
Bríste	A suit
Sciorta	Socks
Culaith	Trousers
Brístí gearra	A scarf
T-léine	A tie

2. Food – Provide a word for each of the clues below

A fruit starting with **b**	banana
A vegetable starting with **p**	
A dairy product starting with **c**	
A meat starting with **s**	
A drink starting with **u**	
A drink made using oranges **s**	
A sweet dessert starting with **c**	
A fruit starting with **p**	

3. Complete the translations below

a. Shoes: Br________________

b. A hat: Ha________________

c. Hair: Gr________________

d. Curly: Ca________________

e. Purple: Co________________

f. Milk: Ba________________

g. Water: Ui________________

h. A drink: De________________

i. A job: Po________________

j. Clothes: Éa________________

4. Clothes, Colours, Food, Jobs – Categorise:

Éadaí	Dathanna	Postanna	Bia

léine	gorm	cuntasóir	pluiméir
feoil	bándearg	dlíodóir	sicín
culaith	cócaire	cáis	carbhat
oráiste	caipín	rís	dearg

5. Match questions and answers

Céard é an post is fearr leat?	Peil
Céard é an dath is fearr leat?	Éadaí spóirt
Céard í an fheoil nach maith leat?	Dochtúir
Céard a chaitheann tú agus tú ag dul go dtí an spórtlann?	Múinteoir ealaíne
Céard é an deoch is fearr leat?	Gorm
Céard é an múinteoir is fearr leat?	Mairteoil
Céard é an caitheamh aimsire is fearr leat?	Bainne

6. Complete with déan, téigh or imir as appropriate

a. Ní ____________ spórt

b. Ní ____________ cispheil

c. ____________ sí gleacaíocht uaireanta

d. ____________ tú ag rothaíocht

e. ____________ sé cluichí ríomhaire

f. Ní ____________ muid ag snámh

7. Complete with the missing word, choosing from the list below

a. Is ______________ liom sú oráiste

b. Ní ____________________ sí tae

c. Tar éis m'obair bhaile a ____________, téim ag _________ le mo mhadra

d. An _______________ tú go leor spóirt?

e. Ar maidin, ní _____________ mórán rudaí seachas uibheacha

f. _____________ m'athair mar innealltóir. ______ post ag mo mháthair. ____ bean an tí í

g. Is ______ liom an teilifís. Is fearr liom a bheith ag _________ spóirt sa ghairdín

h. Ar maidin, _____________ go luath

Oibríonn	ithim	dhéanamh	Is
siúl	maith	ólann	ndéanann
imirt	Níl	fuath	éirím

8. Time markers – Translate

a. Go minic

b. An t-am ar fad

c. Gach lá

d. San oíche

e. Um thráthnóna

f. Ó am go ham

g. Anois is arís

9. Split sentences (Relationships)

Réitím go maith le	mo sheantuismitheoirí
Ní réitím	mo mháthair
Is daoine cineálta	é mo dheartháir
Is breá liom	go maith le m'athair
Is duine ard agus láidir	mo dheirfiúr
Is duine deas	í mo mhúinteoir
Is duine fíordhathúil	iad mo thuismitheoirí
Ní maith liom m'uncail	mar gur duine gránna é
Ní daoine cainteacha	iad mo dheartháireacha
Is aoibhinn liom	í cara liom

10. Translate into Irish

a. I play tennis every day

b. I wear a jacket sometimes

c. I go to the gym often

d. I don't watch films

e. I get up at around six o'clock

f. I shower twice a day

11. Complete the translation

a. Is ____________________ é mo dheartháir
My brother is a guard

b. Ní __________________ mar gur _________________ mé
I don't work because I am a student

c. Anois is arís, __________ go dtí an _________________ le m'athair
Now and again, I go to the gym with my father

d. _____ _________________ ar an teilifís go minic
I don't watch the TV often

e. ____ _______________ ___________ mo mhúinteoirí
I hate my teachers

f. Is daoine _________________ iad mo _______________
My parents are friendly people

UNIT 17
Describing houses:
- indicating where it is located
- saying what one likes/dislikes about it

In this unit you will learn how to say in Irish:

- Where a house/apartment is located
- What the favourite room is
- What one likes to do in each room
- The Present tense of key verbs and prepositions

You will revisit:

- Adjectives to describe places
- Frequency markers
- Countries

UNIT 17
Describing houses

				I mo theach, tá ceithre/cúig/sé sheomra *In my house, there are 4/5/6 rooms*	
	galánta *beautiful*		**ar imeall an bhaile** *on the edge of town*		
***Tá cónaí orm i dteach ...** *I live in a ... house*	**gránna** *ugly*		**faoin tuath** *in the countryside*	**Ligim mo scíth sa ...** *I relax in the ...*	**chistin** *kitchen*
	mór *big*				**seomra bia** *dining room*
Tá cónaí orm i seanteach *I live in an old house*	**nua** *new*	**atá suite** *which is situated*	**i lár na cathrach** *in the city centre*	**Is maith liom a bheith ag obair sa ...** *I like to work in the ...*	**seomra folctha** *bathroom*
	beag *small*		**cois farraige** *beside the sea*		**seomra leapa** *bedroom*
****Tá cónaí orm in árasán ...** *I live in a ... flat*	**seanfhaiseanta** *old-fashioned*		**sna sléibhte** *in the mountains*	**Ithim sa ...** *I eat in the ...*	**ghairdín** *garden*
	nua-aimseartha *modern*		**in eastát tithíochta** *in a housing estate*		**seomra suí** *living room*
					seomra gréine *sunroom*

***Author's note: *To change the person**, choose from the list here: orm [I], ort [you] , air [he], uirthi [she], orainn [we], oraibh [you (pl)], orthu [they], ar X [X]*

*** the word after **i** takes an **urú**, where possible. If the next word starts with a **vowel, i changes to in** and **no urú**: for example: i dteach but in árasán*

Unit 17. Describing houses: VOCABULARY BUILDING (PART 1)

1. Match up

Tá cónaí orm i(n)	A flat
Teach	New
Árasán	A housing estate
Mór	An area
Nua	I live in
An tuath	A house
Ceantar	Big
Eastát tithíochta	The countryside

2. Translate into English

a. Tá cónaí orm i dteach beag

b. Tá cónaí orm i dteach mór agus nua-aimseartha

c. Is árasán mór é m'árasán

d. Tá mo theach suite faoin tuath

e. Is fearr liom an seomra suí

f. Is breá liom an chistin

g. Is maith liom a bheith ag obair sa seomra suí

h. Téim i mo luí sa seomra leapa

i. Ligim mo scíth sa seomra gréine

3. Complete with the missing words

a. Tá cónaí _____ cois ____________

I live beside the sea

b. Is breá _________ mo theach

I really like my house

c. Tá cónaí orm i _______________

____

I live in an old beautiful house

d. _________ mo _______ sa seomra

____

I relax in the living room

4. Complete the words

a. Te_____ *A house*

b. G_________ *Ugly*

c. N_______ *New*

d. S_________ *Old*

e. M_________ *Big*

f. Cois f_________ *Beside the sea*

g. Ar imeall an __________ *On the edge of town*

h. Sa l_________ *In the centre*

i. An ___________ *The garden*

j. S_______ ________ *A Sunroom*

5. Classify the words/phrases in the table below

a. An t-am ar fad
b. Ligim mo scíth
c. Riamh
d. Galánta
e. Sean
f. Sléibhte
g. Téim i mo luí
h. Seomra leapa
i. Mór
j. Uaireanta
k. Seomra bia
l. An tuath
m. Beag
n. Oibrím
o. Cois farraige
p. Tá cónaí orm

Time phrases	Nouns	Verbs	Adjectives
a.			

6. Translate into Irish

a. I live in an old house

b. You live in a new house

c. He lives beside the sea

d. I relax in the living room

e. She lives on a quiet road

f. We live in a housing estate

g. I prefer the kitchen

Unit 17. Describing my house: VOCABULARY BUILDING (PART 2)

1. Split sentences

Tá cónaí orm	farraige
Teach	tithíochta
Cois	tuath
Árasán	liom
Eastát	nua-aimseartha
Seomra	mór
Faoin	i lár na cathrach
Is maith	leapa

2. Complete with the missing word

a. Ní maith liom a bheith ag ________________
I don't like working

b. Is teach beag ach ____________________é
It is a small but beautiful house

c. Tá sé i lár na __________ *It is in the city centre*

d. Tá sé ar ________ an bhaile *It is on the edge of town*

e. Tá cónaí orm i d__________ mór *I live in a big house*

f. In __________ tithíochta *In a housing estate*

g. Is fearr liom an ______________ *I prefer the kitchen*

h. Ligim mo scíth sa ______________ *I relax in the garden*

i. Déanaim obair i mo sheomra __________
I do work in my bedroom

cathrach	obair	galánta	chistin	leapa
teach	eastát	imeall	ghairdín	

3. Translate into English

a. Tá cónaí orm i dteach beag

b. Tá sé suite cois farraige

c. Is árasán beag é

d. Tá sé suite in eastát tithíochta

e. Tá cúig sheomra i mo theach

f. Is maith liom a bheith ag obair san oifig

g. Is breá liom mo scíth a ligean

h. Tá cónaí orm i seanteach faoin tuath

4. Broken words

a. Is maith liom mo scíth a ____________ *I like to relax*

b. Tá cónaí orm sna ____________ *I live in the mountains*

c. I lár an ____________ *In the town centre*

d. Téim faoin __________ *I shower*

e. Sa __________ *In the garden*

f. Is fearr liom mo __________ ________ *I prefer my bedroom*

5. 'mór' , 'mhór', 'móra' or 'mhóra'?

a. Teach __________

b. Seomra __________

c. Cistin __________

d. Gairdín __________

e. Tithe __________

f. Seomraí __________

g. Gairdíní __________

h. Árasáin __________

i. Áiléar __________

6. Bad translation: spot and fix the translation errors

a. Tá cónaí orm i dteach cois farraige
I live in a flat beside the sea

b. Is fearr liom an seomra suí mar go bhfuil sé mór
I prefer is the dining room because it is small

c. Is maith liom a bheith ag obair san oifig
I like to work in my bedroom

d. Tá cónaí air i seanteach in eastát tithíochta
I live in a house in a residential area

e. Is breá liom mo theach mar go bhfuil sé mór agus galánta
I don't like my house because it is big and ugly

f. Is maith liom a bheith ag obair sa seomra suí
I like to work in the kitchen

Unit 17. Describing my house: READING

Dan is ainm dom. Is Spáinneach mé ó dhúchas ach tá cónaí orm i dteach an-mhór cois farraige in iarthar na hÉireann anois agus is breá liom é. Tá deich seomra i mo theach agus is fearr liom an chistin. Is breá liom a bheith ag réiteach béilí inti le mo mháthair. De ghnáth, éirím go moch, téim faoin gcith agus ithim mo bhricfeasta. Cuirim m'éadaí fhéin orm i mo sheomra leapa. Tá cónaí ar chara liom béal dorais – nach iontach an rud é!

Alex is ainm dom agus tá cónaí orm faoin tuath. Tá cónaí orm ar fheirm bheag agus tá go leor ainmhithe againn. Tá seacht seomra i mo theach, dhá sheomra suí san áireamh. Tá an chistin suite ar chúl an tí agus bíonn sé te teolaí mar go mbíonn an ghrian ag breacadh ar maidin ann. Tá gairdín mór againn chun tosaigh agus bíonn na madraí agus cearca ann. Is fearr liom mo sheomra leapa mar gur féidir liom mo scíth a ligean ann liom féin, ag éisteacht le ceol nó ag féachaint ar scannáin éagsúla.
Ag an deireadh seachtaine, cabhraím le mo thuismitheoirí ar an bhfeirm agus caithfidh mé éirí go moch dá bharr sin. Tugaim beatha do na beithígh agus do na capaill.

Monica is ainm dom agus tá cónaí orm i dteach atá suite i lár na cathrach. Tá sé an-ghar do mo scoil agus tá chuile shiopa in aice láimhe agam. Tá cúig sheomra i mo theach agus tá mo sheomra leapa thuas staighre in aice leis an seomra folchta. Gach lá tar éis na scoile, déanaim spraoi le mo mhadra beag sa ghairdín.

Áine is ainm dom. Tá cónaí orm in árasán ar imeall an bhaile ach níl sé suite ach deich nóiméad ó na sléibhte. Tá mo theach suite i bhfad ón scoil agus mar gheall air sin, faighim síob ó mo thuismitheoirí. Is seanárasán é agus bíonn sé an-fhuar sa gheimhreadh. Is maith liom é ar aon nós mar go bhfuil mo sheomra leapa fhéin agam thíos staighre.

1. Answer the following questions about Dan

a. Where is he from?

b. What is his house like?

c. How many rooms are there in his house?

d. What is his favourite room?

e. Where does he get dressed?

f. Where does his friend live?

2. Find the Irish for the phrases below in Monica's text

a. My house is situated in the city centre

b. It's very close to my school

c. Every shop is close-by

d. There are five rooms

e. Upstairs

f. Beside the bathroom

g. Everyday after school

3. Find someone who:

a. Lives far from school

b. Lives in a farm house

c. Has their bedroom upstairs

d. Feeds the animals

e. Lives ten minutes from the mountains

f. Listens to music or watches films in their room

g. Lives in the countryside

h. Has a friend who lives next door

4. Find the Irish for the following phrases/sentences in Áine's text

a. I live in an apartment

b. Situated

c. Far from school

d. It is an old flat

e. Very cold

f. I like it anyway

g. My own bedroom

Unit 17. Describing houses: TRANSLATION

1. Gapped translation

a. Tá cónaí orm cois farraige *I live beside the* ___________

b. Is teach sách mór ach beagainín gránna é mo theach

My house is ________ *big but* ___ _______ *ugly*

c. Tá sé suite ar na sléibhte

It is situated on the ________________

d. Tá cónaí orm i _____ _____ ____________

I live in the city centre

e. I mo theach, ________ cúig sheomra ann

In my house, there are five rooms

f. Is breá liom mo _________ *I really like my house*

2. Translate into English

a. Cois farraige

b. Seomra

c. Tá cónaí orm

d. I lár na cathrach

e. Sé sheomra

f. Is fearr liom an seomra suí

g. Is maith liom mo scíth a ligean

h. Mo sheomra leapa

i. Gairdín mór ar chúl an tí

3. Translate into English

a. Tá cónaí orm in árasán beag

b. Is teach nua-aimseartha agus mór é mo theach

c. Is seanteach é mo theach agus is breá liom é ar aon nós

d. Tá cónaí orainn i dteach cois farraige

e. Tá mo theach suite in eastát tithíochta

f. Is fearr liom mo sheomra leapa

4. Translate into Irish

a. Big: M________

b. Small: B_________

c. Edge: I________

d. Coast: C_________

e. An area: C_________

f. A housing estate: E__________ t___________

g. Ugly: G___________

h. Rooms: S___________

i. There are: T____________

j. Old: S________

5. Translate into Irish

a. I live in a small house

b. In the city centre

c. In my house, there are

d. Seven rooms

e. I prefer my bedroom because

f. The living room

g. I relax in my bedroom

h. I like to work in the living room

i. I live in a small and old flat

j. In a housing estate

Grammar Time 14: An alternative way to say 'To live'

Tá mé ag cur fúm *I live* **Tá tú ag cur fút** *You live* **Tá sé ag cur faoi** *He lives* **Tá sí ag cur fúithi** *She lives* **Tá muid ag cur fúinn** *We live* **Tá sibh ag cur fúibh** *You (pl) live* **Tá siad ag cur fúthu** *They live* **Tá X ag cur faoi** *X lives* **Níl X ag cur faoi** *X doesn't live*	**i dteach** *in a house* **in árasán** *in an apartment*	**beag** *small* **compordach** *cosy* **fuar** *cold* **galánta** *beautiful* **gránna** *ugly* **mór** *big* **nua** *new* **spásúil** *spacious*	**ar imeall an bhaile** *on the edge of town* **faoin tuath** *in the countryside* **i lár na cathrach** *in the city centre* **cois farraige** *beside the sea* **sna sléibhte** *in the mountains* **in eastát tithíochta** *in a housing estate* **ar bhóthar ciúin** *on a quiet road*

1. Match up

Tá X ag cur faoi	I live
Tá muid ag cur fúinn	You live
Tá siad ag cur fúthu	X lives
Tá mé ag cur fúm	We live
Tá tú ag cur fút	You (pl) live
Tá sibh ag cur fúibh	They live

2. Complete with the correct form

a. Tá mé ____________ i dteach gálánta

I live in a beautiful house

b. Cá bhfuil ____________ fút? *Where do you live?*

c. ______________ in Londain *We live in London*

d. Tá ______________ fúithi i dteach cois farraige

She lives in a house beside the sea

e. An bhfuil ____________ i dteach nó in árasán?

Do you live in a house or in a flat?

f. ________________ fúthu i seanárasán

They live in an old flat

g. Tá ______________ fúinn ar imeall an bhaile

We live on the edge of town

h. Tá m'athair ______________ faoi ar fheirm

My father lives on a farm

3. Complete with the correct form

a. Tá mo mháthair ____________ fúithi i mBarcelona. Tá m'athair ______________ faoi in Éirinn

b. Cá bhfuil ____________________ fút?

c. Níl mé ______________ in Uibh Fháilí ach tá mo dheirfiúr ag ________________ i mBaile Átha Cliath

d. Tá mo chol ceathrar ____________ faoi i Meiriceá

e. Níl muid ______________ faoin tuath

4. Spot and correct the errors

a. Ní sé ag cur fút cois farraige

b. Tá mo thuismitheoirí ag cur fúm sa bhaile

c. Tá mo chara ag cur fúinn faoin tuath

d. Tá mo mháhiar ag fúithi i dteach mór

e. Tá mo dheartháireacha ag cur faoi i teach bheag

f. An bhfuil tú ag cur fút in dteach mór?

5. Complete the translation

a. *My parents live in the countryside*

Tá mo ______________ ______ ______

__________ faoin ________

b. *I live in a flat* Tá mé ________ ________

________ in ____________

c. *My mother doesn't live with my father now*

Níl mo mháthair ag ______ ______ le m'athair faoi láthair

d. *We live in a big house*

Tá muid ag _____ _______ i d________

______

6. Translate into Irish

a. My parents and I live in a big house

b. My mother lives in a small house beside the sea

c. My cousins live in a beautiful house in the countryside

d. My friend lives in a modern flat in town

e. My sisters live in an old flat on the edge of town

f. My best friend Larry lives in a spacious flat near the town centre

Grammar Time 15: Verbs and Prepositions

Useful vocabulary

Glaoigh + ar	To call somebody
Féach + ar	To watch
Teip + ar	To fail
Fan + le	To wait for
***Abair + le**	To say to
Buail + le	To meet somebody
Éist + le	To listen to
***Tabhair + do**	To give to
Inis + do	To tell to
Lig + do	To let

Nominal Preposition for 'ar', 'le' and 'do'

	ar	**le**	**do**
mé	orm	liom	dom
tú	ort	leat	duit
sé	air	leis	dó
sí	uirthi	léi	di
muid	orainn	linn	dúinn
sibh	oraibh	libh	daoibh
siad	orthu	leo	dóibh
X	ar + h	le	do + h
			d' (vowel)

1. Complete with the correct form

a. ___________ *[ar + mé]*

b. ___________ *[do + tú]*

c. ___________ *[le + muid]*

d. ___________ *[ar + sibh]*

e. ___________ *[le + Seán]*

f. ___________ *[do + sí]*

g. ___________ *[le + tú]*

h. ___________ *[do + Áine]*

2. Complete with the correct form of the verb in the Present tense

a. (Buail) ________ sí _________ *[le + mé]*

b. (Lig) ________ sé _________ *[do+ mé]*

c. (Éist) ________ muid _________ *[le + siad]*

d. Ní (fan) ________ Liam _________ *[le + sí]*

e. (Tabhair) ________ sé an leabhar_________ *[do + mé]*

f. (Glaoigh mé) ____________ _________ *[ar + tú]*

g. (Abair) ________ sí 'haigh'_________ *[le + muid]*

3. Translate into English

a. Éistim leis nuair a bhíonn sé ag caint

b. Fanaim léi fiú nuair a bhíonn sí déanach

c. Teipeann orm sa scrúdú ach déanaim an athuair é

d. Ní ligeann mo mháthair dom dul go dtí an chathair liom fhéin

e. Buaileann siad leo ag an bpictiúrlann

f. Ní bhuaileann muid leis ar scoil gach lá

g. An éisteann tú le Liam agus é ag canadh amhrán?

h. An dtugann tú bia do Mháirtín nuair a bhíonn ocras air?

i. Fanann siad leo agus insíonn siad an scéal nua dóibh

Gach maidin, éistim le mo mháthair ag canadh agus í faoin gcith. Is fuath liom é agus deirim léi nach maith liom é. Féachaim ar an teilifís nuair a fhanaim le mo dheirfiúr agus í á réiteach. Ligim mo scíth sa seomra suí agus éistim le ceol chomh maith. Gach deireadh seachtaine, buailim le mo chairde agus itheann muid béile le chéile sa bhialann áitiúil. (Mario, 14)

5. Find the Irish in Mario's text

a. I listen

b. Singing

c. I hate it

d. I say to her

e. I watch TV

f. I relax

g. I listen to music

h. When I wait for my sister

i. I meet my friends

6. Complete

a. Buailim _____	*I meet them*
b. Deirim ______	*I say to him*
c. Ligeann sí ________	*She allows us*
d. Éisteann sé __________	*He listen to us*
e. Glaonn muid _______	*We call you*
f. Tugann Liam ____ é	*Liam gives it to you*
g. Ní fhanann Sarah ______	*Sarah doesn't wait for us*
h. Insíonn sí an nuacht ___	*She tells him the news*

8. Translate

a. Usually, I listen to music

b. I meet them at the shops

c. We call them two times a week

d. She lets me go to the town

e. She says the news to them

f. He waits for her at the gate

g. He doesn't tell her the news

h. I watch films in the living room

4. Find in Franc's text (below) the Irish for

a. Every Friday

b. I meet my grandparents

c. They tell me any news

d. I listen to them

e. During the week

f. When I fail an exam

g. They give me a lift of spirits

h. I love my grandparents

Gach Aoine tar éis na scoile, buailim le mo sheantuismitheoirí sa bhaile. Téann muid le chéile chun bia a cheannach sa siopa agus insíonn siad aon scéal nua a bhíonn acu dom. Éistim leo agus is breá liom a bheith ag caitheamh ama leo. I rith na seachtaine, cuirim glaoch orthu. Nuair a theipeann orm i scrúdú, bíonn sé go maith caint leo. Tugann siad ardú croí dom i gcónaí. Is aoibhinn liom mo sheantuismitheoirí agus ag caitheamh ama leo. (Franc, 12)

7. Complete

a. __________ __________ an nuacht léi
We say the news to her

b. _________ ________ bronntanas ______
They give him a present

c. ____________ __________
I let her

d. Fanaim ____ _______ _____ _________
I wait for Franc and Jill

e. _____________ ________ leo gach lá
We meet them everyday

f. Ní _____________ _________ _________
They don't listen to her

UNIT 18
Saying what one does at home, how often, when and where

In this unit you will learn how to provide a more detailed account of your daily activities building on the vocabulary learnt in the previous unit.

You will revisit:

- Time markers
- Verbs and prepositions
- Parts of the house
- Descriptions of people and places
- Telling the time
- Nationalities
- The verbs 'Déan', 'Imir' and 'Téigh'

Unit 18
Saying what one does at home, how often, when and where

Timpeall ar a sé, seacht, hocht a chlog, *At around 6, 7, 8 o'clock,* **Go minic,** *Often,* **Uaireanta,** *Sometimes,* **Nuair a bhíonn am sa bhreis agam,** *When I have extra time,* **Dhá uair sa tseachtain,** *Twice a week,* **De ghnáth,** *Usually,* **De shíor,** *Always,* **Gach lá,** *Every day,*	**cuirim m'éadaí orm fhéin** *I get dressed* **cuirim pictiúir aníos ar Instagram** *I upload pictures to Instagram* **déanaim m'obair bhaile** *I do my homework* **éistim le ceol** *I listen to music* **fágaim an teach** *I leave the house* **féachaim ar an teilifís** *I watch the TV* **féachaim ar Netflix** *I watch Netflix* **féachaim ar scannáin** *I watch films* **imrím cluichí ríomhaire** *I play computer games* **ithim mo bhricfeasta** *I eat my breakfast* **labhraím le mo mháthair** *I talk to my mother* **léim irisí** *I read magazines* **léim leabhair ghrinn** *I read comics* **ligim mo scíth** *I relax* **réitím bia** *I prepare food* **scuabaim m'fhiacla** *I brush my teeth* **téim ag rothaíocht** *I go cycling* **téim ar líne** *I go online*	**sa chistin** *in the kitchen* **sa seomra bia** *in the dining room* **sa seomra folctha** *in the bathroom* **i seomra leapa mo dhearthár** *in my brother's bedroom* **i seomra leapa mo thuismitheoirí** *in my parent's bedroom* **i mo sheomra leapa** *in my bedroom* **sa seomra spraoi** *in the games room* **sa seomra suí** *in the living room* **sa seomra gréine** *in the sunroom* **sa gharáiste** *in the garage* **sa ghairdín** *in the garden*

Unit 18. Saying what one does at home: VOCABULARY BUILDING (PART 1)

1. Match up

Léim irisí	I talk to
Féachaim ar scannáin	I read magazines
Réitím bia	I watch films
Léim leabhair	I prepare food
Cuirim m'éadaí orm fhéin	I read books
Labhraím le	I shower
Téim faoin gcith	I get dressed

2. Complete with the missing words

a. Cuirim ______ ____ _____ *I get dressed*

b. Léim _________ ______ *I read comics*

c. Léim ____________ *I read magazines*

d. Scuabaim ____________ *I brush my teeth*

e. Téim ___________ _________ *I shower*

f. Réitím ____________ *I prepare food*

g. Téim ____ ______ *I go online*

h. Éistim ______ ceol *I listen to music*

i. Féachaim __ __ _________ *I watch TV*

3. Translate into English

a. De ghnáth, éiríonn muid ar a seacht a chlog

b. Ní réitíonn m'athair bia go minic

c. Gach lá, léann mo dheartháir leabhair sa seomra suí

d. Timpeall ar cheathrú tar éis a seacht ar maidin, ithim mo bhricfeasta

e. Go minic, labhraím le mo mháthair sa chistin

f. Uaireanta, ithim mo bhricfeasta sa seomra suí

g. Imríonn muid cluichí ríomhaire i mo sheomra leapa

h. Uaireanta, téann muid ag rothaíocht faoin tuath

i. Féachaim ar scannáin sa seomra suí

4. Complete the words

a. Téim ____________ ____________ *I shower*

b. L_________ *I read*

c. L______________ ___ *I talk to*

d. R_________________ *I prepare*

e. C_________ ___________ _______ *I upload pictures*

f. T_________ _______ _________ *I go online*

5. Classify the words/phrases below in the table below

a. **Seacht a chlog**
b. An t-am ar fad
c. Gach oíche
d. Mo sheomra leapa
e. Féachaim ar an teilifís
f. Imrím cluichí ríomhaire
g. Téim faoin gcith
h. Cuirim pictiúir aníos ar Instagram
i. Scuabaim m'fhiacla
j. Uaireanta
k. Gach lá
l. Éistim le ceol
m. Léim irisí
n. Imrím ficheall
o. Dhá uair sa tseachtain

Time phrases	Rooms in the house	Things you do in the bathroom	Free time activities
a.			

6. Fill in the table with what activities you do in which room

Imrím cluichí ríomhaire	I mo sheomra leapa
Féachaim ar an teilifís	
Téim i mo luí	
Déanaim m'obair bhaile	
Scuabaim m'fhiacla	
Ithim mo dhinnéar	

Unit 18. Saying what I do at home: VOCABULARY BUILDING (PART 2)

7. Complete the table

Irish	English
	I get dressed
	I shower
Déanaim m'obair bhaile	
	I upload pictures
Fágaim an teach	
Labhraím le mo dheartháir	
	I relax

8. Multiple choice quiz

	A	B	C
Uaireanta	Always	Never	Sometimes
Go minic	Often	Always	Never
Seomra leapa	A bedroom	A kitchen	A garden
Ním	I shave	I wash	I go out
Téim faoin gcith	I shower	I go out	I relax
Ligim mo scíth	I go out	I watch	I relax
Gairdín	A garden	A garage	A kitchen
Cistin	A bedroom	A lounge	A kitchen
Imrím	I relax	I play	I prepare
Léim	I watch	I read	I play

9. Anagrams

a. nctisi =

b. areoms ísu =

c. élim =

d. airetnaua =

e. ghca ál =

f. samroe aleap =

g. thimi =

h. ra dinmai =

10. Broken words

a. An ch__________ *The kitchen*

b. Go mi__________ *Often*

c. Uai__________ *Sometimes*

d. De s__________ *Always*

e. Ó a___ ___ ___ *From time to time*

f. Leabh________ ________ *Comics*

g. Mo sh______ ______ *My bedroom*

h. Fá______________ *I leave*

i. Labh______________ *I talk*

11. Complete based on the translation in italics

a. T____ a__ l____________ t_____ e_____ a s__________, s______________ m' __________

At around half past 7, I brush my teeth

b. A__ c_________ t_____ é_____ a h______, i__________ m___ b______________

At around a quarter past eight, I eat my breakfast

c. U___________, r____________ b________

Sometimes, I prepare food

d. D____ s________, f____________ a__ a__ t__________ n_________ a i___________ m___ b__________________

I always watch TV when I eat my breakfast

e. G___ g___________, f_________ a_____ t_____ a__ l____________ t_____ é____ a h________

Generally, I leave the house at half past 8

12. Fill in the gaps from memory

a. Uaireanta, ____________ leabhair

b. Scuabaim ______________ tar éis an dinnéir

c. ______________ ar Netflix de shíor

d. Go minic, ____________ le mo chairde ar líne

e. Go minic, ______________ m'obair bhaile

f. ________ pictiúir aníos ar Instagram

g. Ag an deireadh seachtaine, __________ ag rothaíocht

Unit 18. Saying what I do at home: READING

Fabien is ainm dom. Is as Giobráltar dom agus tá madra amháin agam sa bhaile. Gach lá, éirím go luath, timpeall ar leathuair tar éis a cúig ar maidin. Ansin, téim go dtí an spórtlann agus déanaim aclaíocht. Téim faoin gcith nuair a thagaim ar ais ón spórtlann. Is duine an-léisicúil é mo dheartháir Patrick. Éiríonn sé ar a hocht a chlog agus ní dhéanann sé spórt ar bith! Mar sin de, tá mé níos aclaí ná Patrick. Tar éis meánlae, léim irisí agus cúpla leabhar nó éistim le ceol ar líne. Le linn na seachtaine, déanaim m'obair bhaile i mo sheomra leapa agus cuirim éadaí deasa orm fhéin. Téim i mo luí go luath ina dhiaidh sin.

Eoin is ainm dom. Gach lá, éirím ar a seacht a chlog agus téim faoin gcith ansin. Bíonn scuaine ann de ghnáth agus mar sin, ní mór dom a bheith tapa! Ithim mo bhricfeasta sa seomra gréine nuair a bhíonn an aimsir te nó nuair a bhíonn sé grianmhar. Téim ar scoil ar ghluaisrothar agus nuair a thagaim ar ais ón scoil, labhraím le mo chol ceathrar ar líne mar go bhfuil cónaí air sa Spáinn. Uaireanta, léim leabhair ghrinn i seomra leapa mo dhearthár agus cuirim pictiúir aníos ar Instagram. Is duine an-ghreannmhar é mo dheartháir agus cuireann sé ag gáire mé. Labhraím leis i gcónaí tar éis na scoile ar feadh cúpla uair mar go gcuireann sé i ndea-ghiúmhar i gcónaí mé.

Seán is ainm dom. Ar maidin, éirím go luath, timpeall ar a sé a chlog. Scuabaim m'fhiacla agus cuirim m'éadaí orm fhéin. De ghnáth, ithim rud ar bith do mo bhricfeasta ach itheann mo dheirfiúr calóga agus ólann sí cúpla gloine sú oráiste. Téim ar scoil ar rothar agus ní thógann sé i bhfad orm. Nuair a thagaim ar ais, déanaim m'obair bhaile go láithreach ionas go mbíonn sí as an mbealach orm. Imrím cluichí ríomhaire ansin nó labhraím le mo chairde ar líne i mo sheomra leapa. Ar a hocht a chlog, réitím an dinnéar, cabhraím le mo mháthair le hobair tí agus glanaim na soithí tar éis an dinnéir.

1. Answer the following questions about Fabien

a. Where is he from?

b. What animal does he have?

c. What does he do after he gets up?

d. Why is Patrick less sporty than Fabien?

e. Where does he do his homework during the week?

f. What does he wear while doing his homework?

2. Find the Irish for the phrases below in Eoin's text

a. I get up

b. Then I shower

c. I go to school

d. By motorbike

e. Online

f. I upload pictures

g. Very funny

h. I always talk to him

3. Find someone who:

a. Wakes up early

b. Has a family member

c. Likes to listen to music

d. Has nothing for breakfast

e. Has a less sporty brother than him

f. Likes to eat breakfast in the sunroom

g. Has a family member who is very funny

h. Goes to school by motorbike

4. Find the Irish for the following phrases in Seán's text

a. In the morning

b. I wake up early

c. I don't eat anything for my breakfast

d. My sister eats

e. It doesn't take long

f. Out of my way

g. I speak to my friends

Unit 18. Saying what one does at home: WRITING

1. Split sentences

Labhraím	bia
Ligim mo scíth	go luath
Réitím	le mo mháthair
Cuirim pictiúir	i mo sheomra leapa
Déanaim	faoin gcith
Éirím	aníos ar Instagram
Imrím	cluichí ar líne
Téim	m'obair bhaile

2. Complete with the correct option

a. Éiríonn sé ar a __________ a chlog

b. Imríonn muid peil sa __________

c. Féachann sí ar an __________

d. Éistim le ceol ar __________

e. Réitím __________ ar maidin

f. __________ m'fhiacla

g. ______ sí leabhair ghrinn

h. Ní ______ siad ar scoil ar rothar

teilifís	líne	Léann	Scuabaim
bia	seacht	ghairdín	théann

3. Spot and correct the grammar and spelling mistakes [note: in several cases a word is missing]

a. Ní téann mé cith sa seomra folchta

b. Itheann sa seomra suí le mo teaghlach

c. I sheomra leapa

d. Imríonn ar an ríomhaire

e. Fágann sí an teach ar seacht a chlog

f. Déanann mo obair baile

g. Ní féachann siad ar scánnáin ar Netflix

h. Téim ar an scoil rothar

i. Sa seomra leapa mo deartháir

j. Ligeann mé mo scíth

4. Complete the words

a. Ith__________ lón *I eat lunch*

b. An ch__________ *The kitchen*

c. Mo s____________ ________ *My bedroom*

d. An g________ *The garage*

e. F________ a__ t______ *I leave the house*

f. S__ s________ s_____ *In the living room*

g. S__ s________ b____ *In the dining room*

h. S__ s________ f__________ *In the bathroom*

i. F__________ a__ s____________ *I watch films*

j. Éir__________ *I get up*

k. Té____ f_____ gc_____ *I shower*

5. Guided writing – write 3 short paragraphs in the first person [I] using the details below

Person	Gets up	Showers	Eats breakfast	Goes to school	Night activity 1	Night activity 2
Gerry	6.15	In bathroom	Kitchen	With brother	Watches the TV in living room	Prepares food in the kitchen
Marie	7.30	In bathroom	Dining room	With mother	Reads book in her bedroom	Talks to her family online
Issy	6.45	In bathroom	Living room	With uncle	Listens to music in the garden	Uploads pictures to Instagram

Grammar Time 16: Imir, Déan, Téigh and Irregular verbs

1. Complete with the present tense of 'Déan', 'Imir' or 'Téigh' and 'mé'

a. _________ m'obair bhaile

b. _________ peil

c. _________ go dtí an Fhrainc

d. _________ go dtí an linn snámha

e. _________ peil

f. _________ ag snámh

g. _________ gleacaíocht

h. Ní _________ cispheil

2. Complete with the missing forms of the present indicative of the verbs below

	Déan	**Téigh**	**Imir**
mé *I*		Téim	Imrím
tú *you*	Déanann tú		
sé/sí *he/she*			
muid *we*			
sibh *you (pl)*	Déanann sibh		Imríonn sibh
siad *they*		Téann siad	
X *X*			

3. Complete with the appropriate verb

a. ___________ mo mháthair go dtí an siopa gach lá

b. Ní _____________ mo dheartháir obair tí ar chor ar bith!

c. _________ muid cispheil sa chúirt chispheile

d. Ní _____________ mo thuismitheoirí go leor spóirt

e. ___________ mo dheirfiúr peil leis an gclub áitiúil

f. _________ ar scoil ar rothar

g. An _________ tú spórt?

h. Cá d_________ tú ag an deireadh seachtaine?

i. An ___________ tú cluichí ríomhaire?

j. ___________ mo chol ceathrar rugbaí

k. Ní _________ m'uncail obair sa ghairdín

l. _____________ m'athair leadóg ag an deireadh seachtaine

m. Sa samhradh, _________ mo chairde ag rothaíocht faoin tuath

n. Ag an deireadh seachtaine, _________ m'obair bhaile

4. Complete with the 'mé' form of déan/imir/téigh

a. ___________ rugbaí

b. ___________ ar scoil

c. ___________ cispheil

d. ___________ cluichí

e. ___________ leadóg

f. ___________ go dtí an pháirc

g. _________ iománaíocht

h. _________ spórt

i. ___________ obair

j. ___________ aclaíocht

k. ___________ peil

l. ___________ ficheall

5. Complete with the 'siad' form of a suitable verb

a. ___________ cispheil

b. ___________ obair tí

c. ___________ rugbaí

d. ___________ ag rith

e. _________ ag surfáil

f. ___________ ar líne

g. _______________ ar scoil

h. ______________ eitpheil

i. _______________ leadóg

j. _______________ sacar

k. _______________ ag siúl

l. _______________ ag rith

Present Tense of 2 Irregular Verbs

	Abair	Faigh
mé	Deirim	Faighim
tú	Deir tú	Faigheann tú
sé/sí	Deir sé/sí	Faigheann sé/sí
muid	Deir muid	Faigheann muid
sibh	Deir sibh	Faigheann sibh
siad	Deir siad	Faigheann siad
Ní	Ní deir X	Ní fhaigheann X
An	An ndeir X?	An bhfaigheann X?

Useful vocabulary

Bí	To be
Feic	To see
Téigh	To go
Déan	To do/make
Tabhair	To give
Ith	To eat
Beir + 'ar'	To grab/catch
Clois	To hear
Tar	To come

6. Translate into Irish

a. We play on the computer often

b. My brother does weight lifting

c. My sister plays volleyball every day

d. My father plays sport sometimes

e. What do you (pl) work as?

f. Where do you go after school?

g. My brother and I often play football

h. My parents go swimming once a week

i. My friend often goes to the gym

j. My best friend goes to the stadium every Saturday

7. Complete with a suitable verb

a. ____________ Maria bronntanas

b. Ní ___________ sé an nuacht

c. An _________ an abairt sin os ard?

d. ___________ sí cáca sa chistin

e. __________ muid éin sa chrann

f. An ____________ tú airgead póca?

g. Cathain a __________ tú abhaile gach lá?

h. Cén uair a ___________ tú i do luí?

i. ___________ muid praiseach de sin de shíor

j. An ________ tú ar an liathróid?

8. Translate into Irish

a. We live in the countryside

b. He does his homework

c. Do you say your sentences out loud?

d. I go to the gym often

e. My brothers get pocket money

f. Do you catch the ball?

g. We see the birds in the garden

h. How do you come home from school?

i. Do you hear the news on the radio?

j. Do you do your housework at the weekend?

UNIT 19
Holiday plans

In this unit you will learn how to talk about:

- What you intend to do on future holidays
- Where you will go
- Where you will stay
- Who you will travel with
- How it will be
- Means of transport

You will revisit:
- Free time activities
- Previously seen adjectives

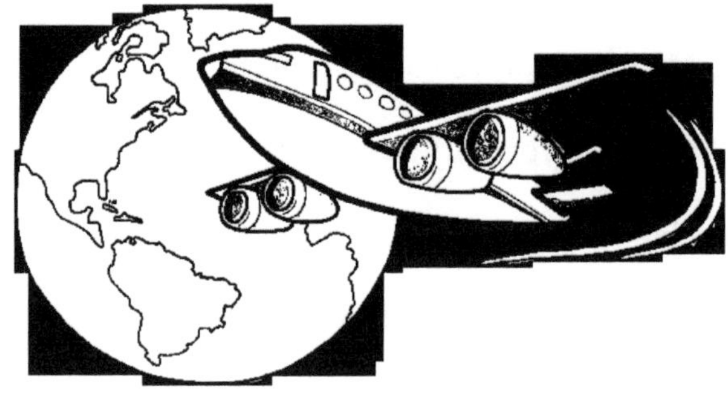

UNIT 19
Holiday plans

<table>
<tr>
<td rowspan="2">An samhradh seo, rachaidh X ar laethanta saoire ...
This summer, X will go on holidays ...</td>
<td>go dtí an Fhrainc to France
go dtí an Ghearmáin to Germany
go dtí an Iodáil to Italy
go dtí an Spáinn to Spain</td>
<td rowspan="2">ar an eitleán by plane
ar an mbád by boat
ar an mbus by bus
sa charr by car</td>
<td rowspan="7">Beidh sé ar fheabhas
It will be great

Beidh sé leadránach
It will be boring

Beidh sé spraíúil
It will be fun</td>
</tr>
<tr>
<td>go Ceanada to Canada
go hAlbain to Scotland
go Meiriceá to America
go Sasana to England</td>
</tr>
<tr>
<td>Caithfidh X
X will spend</td>
<td>seachtain amháin
one week

dhá sheachtain/coicís
two weeks/fortnight</td>
<td>le mo theaghlach
with my family

thall over there</td>
</tr>
<tr>
<td>Fanfaidh X
X will stay</td>
<td colspan="2">i bpuball in a tent
i mbru óige in a youth hostel
in óstán galánta in a luxurious hotel
in óstán saor in a cheap hotel</td>
</tr>
<tr>
<td>Rachaidh X
X will go</td>
<td colspan="2">go dtí an chathair to the city
go dtí an trá to the beach
ag siopadóireacht shopping
ag sú na gréine sunbathing</td>
</tr>
<tr>
<td>Íosfaidh X
X will eat</td>
<td colspan="2">béilí blasta tasty meals
milseoga traidisiúnta traditional desserts
uachtar reoite deas nice ice-cream</td>
</tr>
<tr>
<td>Tabharfaidh X cuairt ar ...
X will visit ...</td>
<td colspan="2">na suíomhanna stairiúla the historic sights
na suíomhanna turasóireachta the tourist sights
an gColasaem the Coliseum
an Túr Eiffel the Eiffel Tower</td>
</tr>
</table>

Unit 19. Holiday plans: VOCABULARY BUILDING

1. Match up

Ar an eitleán	A tent
Béilí blasta	A youth hostel
Laethanta saoire	By boat
Puball	A luxurious hotel
Brú óige	By plane
Óstán saor	A cheap hotel
Ar an mbád	Tasty meals
Óstán galánta	Holidays

2. Complete with the missing words

a. Rachaidh mé ar an __________ *I will go by boat*

b. Íosfaidh mé _________ _________ *I will eat tasty meals*

c. Tabharfaidh mé ________________ ar ... *I will visit ...*

d. __________ ___ seachtain amháin *I will spend one week*

e. Fanfaidh muid in óstán ____________
We will stay in a cheap hotel

f. Beidh sé ________________ *It will be boring*

g. _______________ sí uachtar reoite deas
She will eat nice ice-cream

h. Rachaidh mé go dtí an __________ ar an mbád
I will go to Spain by boat

3. Translate into English

a. Rachaidh mé go dtí an Iodáil

b. Caithfidh mé seachtain amháin thall

c. Íosfaidh muid milseoga traidisiúnta

d. Rachaidh sé go dtí an linn snámha san óstán galánta

e. Fanfaidh mé i bpuball le mo theaghlach

f. Caithfidh mé coicís thall

g. Rachaidh mé go Sasana ar an mbád

h. Rachaidh muid go dtí an chathair ag an deireadh seachtaine

i. Íosfaidh muid béilí blasta

4. Broken words

a. Rachaidh mo d_________ ag sú na g_________ ar an trá
My sister will go sunbathing on the beach

b. C___________ muid s_____________ amháin i m_____ óige
We will spend one week in a youth hostel

c. Íosfaidh mo d____________ milseoga t________________
My dad will eat traditional desserts

d. Tabharfaidh muid c________ ar an T_____ E____________
We will visit the Eiffel Tower

5. Fill in 'go' or 'go dtí' to complete the sentence

Rachaidh mé ...

a. ___________ an Spáinn

b. ___________ hAlbain

c. ___________ Meiriceá

d. ___________ an Iodáil

e. ___________ Sasana

f. ___________ an Ghearmáin

g. ___________ Ceanada

h. ___________ an Fhrainc

6. Bad translation – spot any translation errors and fix them

a. Rachaidh mé go hAlbain le mo theaghlach ar an mbád.
I will go to England with my friends by plane.

b. Íosfaidh muid béilí blasta agus uachtar reoite deas.
He will eat cheap meals and luxurious ice-cream.

c. Tabharfaidh mé cuairt ar na suíomhanna stairiúla. Beidh sé go hiontach. *We will visit the tourist sites. It will be boring.*

d. Caithfidh mé agus mo chairde seachtain amháin thall in óstán saor.
My family and I will spend two weeks over there in a youth hostel.

e. Rachaidh Úna agus a teaghlach go dtí an Iodáil ar an eitleán agus fanfaidh siad i bpuball faoin tuath. *Úna and her family will go to France by bus and they will stay in a tent in the city.*

f. Beidh sé ar fheabhas. *It was boring.*

Unit 19. My holiday plans: READING (Part 1)

Hugo is ainm dom agus is as Ard Mhacha dom ach tá cónaí orm sa Lú. Rachaidh mé ar laethanta saoire go dtí an Fhrainc ar an mbád le mo theaghlach. Caithfidh muid dhá sheachtain thall. Gach lá, rachaidh muid go dtí an trá. Rachaidh mo dheartháir níos óige Franc ag snámh san fharraige ach b'fhearr liom mo scíth a ligean ag sú na gréine.

Diana is ainm dom agus rachaidh mé go Sasana ar an mbád. Tá go leor ama agam agus dá bharr sin caithfidh mé mí thall ar mo laethanta saoire. Is duine spórtúil mé agus rachaidh mé ag dreapadóireacht ar na sléibhte, ag seoltóireacht san fharraige agus ag surfáil freisin. Ní maith liom ag dul ag siopadóireacht mar go bhfuil sé leadránach.

Siún is ainm dom. Rachel is ainm do chara liom agus rachaidh muid ar laethanta saoire go dtí an Iodáil. Caithfidh muid coicís thall agus fanfaidh muid i mbrú óige sa chathair. Ar an Luan, rachaidh muid ag siopadóireacht agus ansin íosfaidh muid béilí blasta traidisúnta cosúil le píosta. Is breá liom cáis agus sicín ar mo phíosta. Tabharfaidh muid cuairt ar an gColasaem sa Róimh.

Meadhbh is ainm dom agus tá mé ocht mbliana déag d'aois. Rachaidh mé féin agus mo chairde ar laethanta saoire go dtí an Ghearmáin. Íosfaidh muid arán agus ispíní traidisiúnta thall. Is breá linn bia! Chomh maith leis sin, rachaidh muid ag sciáil ar na sléibhte agus ag dreapadóireacht faoin tuath in oirthear na tíre.

1. Find the Irish for the following in Hugo's text

a. I am from Armagh

b. But I live in

c. I will go

d. With my family

e. We will spend

f. Every day

g. I would prefer

h. Sunbathing

2. Find the Irish for the following in Diana's text

a. By boat

b. I have a lot of time

c. I will spend

d. A month

e. Because of that

f. Also

g. Surfing

h. Because it is boring

3. Complete the following statements about Siún

a. She is going on holiday with her ________________

b. Her friend's name is _____________

c. They will travel to ______________

d. They will stay in a _______ ________ in the ___________

e. They will eat ___________ _______________

f. They will ___________ the Coliseum in ____________

4. List any 8 details about Meadhbh (in third person) in English

a.

b.

c.

d.

e.

f.

g.

h.

5. Find someone who:

a. Thinks shopping is boring

b. Loves food

c. Prefers to go sunbathing than to go swimming

d. Will be staying in a youth hostel

e. Will spend a month on holidays

Unit 19. My holiday plans: READING (Part 2)

Cormac is ainm dom agus is as Cúige Laighean dom in oirthear na tíre. Tá ceathrar i mo theaghlach – mo Dhaid, mo Mham, mo leathchúpla agus mé féin. Tá éan beag agam agus ag mo dheirfiúr. Polly is ainm di agus is éan fiáin agus greannmhar í! Rachaidh muid ar laethanta saoire an tseachtain seo chugainn go dtí an Fhrainc ar an eitleán. Fanfaidh muid in óstán galánta i lár na cathrach. Caithfidh muid dhá sheachtain thall ag ligean ár scíthe. Ag an deireadh seachtaine, rachaidh muid go Páras ar an traein agus tabharfaidh muid cuairt ar an Túr Eiffel. Is suíomh cáiliúil é an Túr Eiffel.

Seosamh is ainm dom. An samhradh seo, rachaidh mé agus mo chairde go dtí an Spáinn i gceann coicíse. Rachaidh muid ar an mbád agus beidh sé ar fheabhas dar liom! Fanfaidh muid i mBarcelona agus tabharfaidh muid cuairt ar na suíomhanna turasóireachta ar fad timpeall na cathrach cosúil leis an Staid Nou agus an tArdeaglais. Is foirgnimh stairiúla iad agus tá mé ag súil go mór leis! Rachaidh muid ag spaisteoireacht agus ag dreapadóireacht freisin timpeall na háite. Chomh maith leis sin, tabharfaidh muid cuairt ar an trá mhór agus rachaidh muid ag snámh agus ag tumadh san uisce breá úr. Nuair a bheidh an aimsir te agus grianmhar, rachaidh muid ag sú na gréine le chéile.

Freddie is ainm dom agus tá deartháir amháin agam atá níos sine ná mé. Rachaidh mé fhéin agus mo dheartháir Brian ar laethanta saoire go hiarthar na hÉireann. Caithfidh muid seachtain amháin thall ag ligean ár scíthe ag campáil faoin tuath. Íosfaidh muid béilí deasa agus rachaidh muid ar shiúlóidí gach lá ar na sléibhte. Tabharfaidh mé mo ghiotár liom agus seinnfidh mé cúpla amhrán. Is breá linn rac-cheol agus is é AC/DC an banna ceoil is fearr dá bhfuil ann. Gan dabht, beidh sé spraíúil! Tá muid ag tnúth go mór leis an turas!

1. Answer the following questions about Cormac

a. Where is he from?

b. What animal does he have?

c. Who will he go on holidays with?

d. Where will they stay?

e. What will they do for 2 weeks?

f. How will they get to Paris?

g. What is the Eiffel Tower?

2. Find the Irish in Seosamh's text

a. This summer

b. In a fortnight's time

c. According to me

d. The Cathedral

e. Famous buildings

f. I'm looking forward to it

g. Fresh water

h. Sunbathing

3. Find someone who:

a. Will be traveling to the west of Ireland

b. Has a pet whose name is Polly

c. Will spend two weeks on holidays

d. Is going to be hiking in the mountains

e. Is going to visit a famous stadium

f. Is going to visit a famous tourist site

g. Is from the east of the Ireland

h. Is planning to relax in the countryside

4. Find the Irish for the following phrases/sentences in Freddie's text

a. My brother Brian

b. In the countryside

c. It will be fun

d. I will go

e. Without doubt

f. My guitar

g. Music band

h. Rock music

Unit 19. Holiday plans: TRANSLATION/WRITING

1. Gapped translation

a. *I will go on holidays* Rachaidh mé ar ________ ________

b. *I will go by car* Rachaidh mé sa ________

c. *We will spend one week there* Caithfidh muid ________ amháin ________

d. *I will stay in a cheap hotel* ________ ____ in óstán ________

e. *We will eat tasty meals every day* ________ muid béilí ________ gach lá

f. *When the weather will be good, I will go to the beach* Nuair a bheidh an ________ go maith, ________ mé go dtí an trá

g. *I will stay in a youth hostel* Fanfaidh mé i ________ ________

h. *I will eat nice ice-cream* ________ mé uachtar reoite deas

2. Translate into English

a. Suíomhanna stairiúla

b. Íosfaidh muid uachtar reoite

c. I bpuball faoin tuath

d. Caithfidh muid mí thall

e. Rachaidh siad ar an mbád

f. Íosfaidh sé béilí deasa

g. In óstán galánta

h. Beidh sé leadránach

i. Tá muid ag tnúth go mór leis

3. Spot and correct the grammar and spelling mistakes

a. Caithfidh mé dhá seachtaine thall

b. Fanfaidh muis in mbrú óg

c. Íosfaidh sé béilí deas

d. Racadh sibh go dtí Meircáe sa carr

e. Tabhairfaidh mé cuairt an Túr Eiffel

f. Beidh sé ar feabas

g. Tá mé ag tnúth go mhór leis

h. Rachaiadh mé le chaidre

4. Categories: Positive or Negative?
Write P or N

a. Beidh sé go hiontach:

b. Beidh sé ar fheabhas:

c. Beidh sé uafásach:

d. Beidh sé leadránach:

e. Beidh sé spraíúil:

f. Beidh sé taitneamhach:

g. Beidh sé go hálainn:

h. Beidh sé deacair:

i. Beidh sé greannmhar:

j. Beidh sé sláintiúil:

5. Translate into Irish

a. I will go to Spain

b. I will go diving

c. We will go to the beach

d. I will go sunbathing

e. I will visit the tourist sites

f. I will stay in

g. A cheap hotel

h. We will spend two weeks

i. I will go by plane

j. It will be fun

Revision Quickie 6: Daily Routine/House/Home life/Holidays

1. Match up

Ar imeall an bhaile	In the garden
Sa seomra folchta	In the living room
Sa chistin	In my bedroom
I mo theach	In my house
Sa ghairdín	In the sunroom
I mo sheomra leapa	In the dining room
Sa seomra bia	In the bathroom
Sa seomra gréine	In the kitchen
Sa seomra suí	On the edge of town

2. Complete the words

a. Téim faoin g_______ *I shower*

b. Éirí_______ *I get up*

c. Féac______ ar an teilifís *I watch telly*

d. Lé______ leabhair ghrinn *I read comics*

e. Fág______ an teach *I leave home*

f. Té_____ ar scoil *I go to school*

g. Té____ ar an mbus *I go on the bus*

h. Cui_____ m'______ orm fhéin *I get dressed*

i. Ith___ mo b______________ *I eat breakfast*

3. Spot and correct any of the sentences below which do not make sense

a. Téann sí i mo luí sa chistin

b. Ólann siad sicín rósta

c. Réitím bia sa seomra suí

d. Téim faoin gcith sa seomra bia

e. Téim i mo luí sa charr

f. Imrím cispheil le mo mhadra

g. Tá an tolg sa chistin

h. Féachann siad ar an teilifís sa ghairdín

i. Ithim sa leaba

j. Éistim le ceol ar an teilifís

4. Split sentences

Féachann sé	caife
Éistim	torthaí
Léim	ar an teilifís
Ithim	go bialann
Téim	le ceol
Rachaidh mé	irisí
Ólann siad	m'obair bhaile
Cuireann sí pictiúir	ar laethanta saoire
Déanaim	aníos ar Instagram
Imrím cluichí	mar altra
Oibríonn sí	peil
Imrím	ar líne

5. Match up the opposites

Maith	Leisciúil
Spórtúil	Bán
Éasca	Te
Samhradh	Saor
Ard	Olc
Fuar	Lá ar bith
Costasach	Mór
Gach lá	Geimhreadh
Beag	Deacair
Dubh	Míshláintiúil
Sláintiúil	Íseal

6. Complete with missing words

a. Téann sé ___________

b. Téim ___ _______ le mo _________

c. Ní imríonn sí ________ go minic

d. Is fuath ______ cispheil

e. Ligim mo ________ in aice na trá

f. Téann ______ ag rith le mo dheartháir

g. Imríonn Liam __________ ar líne

h. Éistim le ______ ar an raidió

7. Draw a line in between each word

a.Ismaithliomabheithagimirtpeile

b.Féachaimaranteilifísagusarscannáin

c.Nuairabhíonnamsabhreisagaméistimleceol

d.Téimarscoilarrothar

e.Rachaidhméarlaethantasaoirelemochairde

f.Gachmaidintéimagrith

g.Ólaimcupáncaifeagussúoráiste

h.Nídhéanaimm'obairbhailedeghnáth

8. Spot the translation mistakes and correct them

a. Éirím go luath ar maidin *I go to bed early*

b. Is fuath liom cispheil *I hate volleyball*

c. Rachaidh mé go dtí an linn snámha *I will go to the beach*

d. Rachaidh mé go dtí an spórtlann *I will not do anything*

e. Éistfidh mé le ceol *I will go running*

f. Rachaidh mé ar an mbus *I will travel by plane*

g. Fanfaidh mé in óstán galánta

I will stay in a cheap hotel

h. Féachfaidh mé ar scannáin *I will watch Netflix*

9. Translate into English

a. Téann sí ag rith

b. Rachaidh mé ann

c. Ligim mo scíth

d. Éirím go luath

e. Féachann sí ar scannáin

f. Glanaim mo sheomra leapa

g. Is breá liom uibheacha

h. Ólann m'athair cupán tae

i. Ní dhéanann mo dheartháir obair tí

j. Oibríonn sé ar an ríomhaire

10. Translate into Irish

a. I shower and I eat my breakfast

b. Tomorrow, I will go to France

c. I clean my bedroom every day

d. I often play basketball

e. I get up early

f. I eat a lot of food for my dinner

g. I will go to Italy by plane

h. When I have extra time, I play chess and I read books

i. I spend a lot of time online

11. Translate into Irish

a. I eat I_______________

b. I watch F_______________

c. I do D_______________

d. I clean G_______________

e. I read L_______________

f. I work O_______________

g. I return F_______________

h. I spend C_______________

i. I run R_______________

Question Skills 4: Daily routine/House/Home life/Holidays

1. Complete the questions with the correct option

a. __________ a éiríonn tú?

b. __________ a chaitheann tú d'am sa bhreis?

c. __________ a dhéanann tú tar éis na scoile?

d. __________ uair a chaitheann tú ar líne?

e. __________ a n-imríonn tú cluichí ríomhaire?

f. __________ nach imríonn tú spórt?

g. __________ dtéann tú ag an deireadh seachtaine?

h. __________ é an seomra is fearr leat?

Cén fáth	Céard	Cén t-am	Cé leis
Cá	Cén chaoi	Cé mhéad	Cad

2. Split questions

Cén t-am	duine thú?
Cá	a éiríonn tú ar maidin?
Cén sórt	a théann tú i do luí?
Céard	is maith leat peil?
Cén fáth	duine atá i do theaghlach?
Cathain	a dtéann tú ag rith?
Cad	a dhéanann tú nuair a bhíonn am sa bhreis agat?
Cé mhéad	bhfuil cónaí ort?
Cén uair	a dhéanann tú ag an deireadh seachtaine?

3. Match each statement below to one of the questions included in activity 1 above

1. Trí uair
2. Imrím le mo chol ceathrar
3. Ní duine spórtúil mé
4. Ligim mo scíth i mo sheomra leapa
5. Téim go dtí an pháirc le mo chairde
6. Is fearr liom an chistin
7. Timpeall ar a seacht a chlog ar maidin
8. Éistim le ceol nuair a bhíonn am agam

4. Translate into Irish

a. Who?

b. When?

c. Who with?

d. Why?

e. What?

f. How much?

g. Which ones?

h. Where?

i. Do you do?

j. Can you?

k. Where is?

l. How many hours?

m. How many people?

5. Translate into Irish

a. Where is your room?

b. Where do you go after school?

c. What do you do in your free time?

d. Until what time do you study?

e. How long do you spend online?

f. What is your favourite pastime?

g. What do you do to help around the house?

VOCABULARY TESTS

On the following pages you will find one vocabulary test for every unit in the book. You could set them as class assessments or as homework at the end of a unit. Students could also use them to practice independently.

UNIT 1: "Talking about age" TOTAL SCORE: /30

1a. Translate the following sentences (worth one point each) into Irish	
1. What is your name?	
2. My name is Pól	
3. How old are you?	
4. I am five years old	
5. I am seven years old	
6. I am nine years old	
7. I am ten years old	
8. I am eleven years old	
9. I am twelve years old	
10. I am thirteen years old	
Score	**/10**

1b. Translate the following sentences (worth two points each) into Irish	
1. What is your brother's name?	
2. What is your sister's name?	
3. My brother's name is Marc	
4. My sister is fourteen years old	
5. My brother is fifteen years old	
6. I don't have siblings	
7. My name is John and I am Irish	
8. I have a brother whose name is Franc	
9. I live in the capital	
10. I live in the west of Ireland	
Score	**/20**

UNIT 2: "Saying when birthdays are" TOTAL SCORE: /30

2a. Translate the following sentences (worth one point each) into Irish	
1. My name is Seán	
2. I am nine years old	
3. He is fourteen years old	
4. You are eighteen years old	
5. On the 3rd of May	
6. On the 4th of April	
7. On the 5th of June	
8. On the 6th of September	
9. On the 10th of October	
10. On the 8th of July	
Score	**/10**

2b. Translate the following sentences (worth two points each) into Irish	
1. I am 17 years old and I was born on the 21st of June	
2. My brother's name is Joe and he is 19 years old	
3. My sister's name is Maria and she is 12 years old	
4. My brother was born on the 23rd of March	
5. My name is Franc. I am 15 years old and I was born on the 27th of July	
6. My name is Áine. I am 18 years old and I was born on the 30th of June	
7. When were you born?	
8. Were you born in September or in December?	
9. My brother's name is Paul and he was born on the 31st of January	
10. Were you born in April or in June?	
Score	**/20**

UNIT 3: "Describing hair and eyes" TOTAL SCORE: /30

3a. Translate the following sentences (worth one point each) into Irish	
1. Black hair	
2. Brown eyes	
3. Blond hair	
4. Blue eyes	
5. My name is Seán	
6. I am 12 years old	
7. I have long hair	
8. I have short hair	
9. You have green eyes	
10. She has brown eyes	
Score	**/10**

3b. Translate the following sentences (worth two points each) into Irish	
1. I have grey hair and blue eyes	
2. I have red straight hair	
3. I have blond curly hair	
4. You have brown hair and he has brown eyes	
5. I wear glasses and have spikey hair	
6. I don't wear glasses and I have a beard	
7. My brother has blond hair and has a moustache	
8. My brother is 22 years old and has short hair	
9. Do you wear glasses?	
10. My sister has blue eyes and black curly hair	
Score	**/20**

UNIT 4: "Saying where a person is from and lives" TOTAL SCORE: /30

4a. Translate the following sentences (worth one point each) into Irish	
1. My name is ...	
2. I am from Ireland	
3. I live in	
4. In a house	
5. In a modern house	
6. In an old building	
7. On the edge of town	
8. In the town centre	
9. On the coast	
10. In a housing estate	
Score	**/10**

4b. Translate the following sentences (worth two points each) into Irish	
1. My brother's name is Jeaic	
2. My sister's name is Amy	
3. I live in an old house	
4. You live in a modern house	
5. They live in a house on the coast	
6. I live in an ugly house in the city centre	
7. I am from Ireland and I live in the countryside	
8. I am 15 years old	
9. I am Irish	
10. I live in a small apartment on the coast	
Score	**/20**

UNIT 5: "Talking about my family / numbers 1-100" TOTAL SCORE: /30

5a. Translate the following sentences (worth one point each) into Irish	
1. My younger brother	
2. My older brother	
3. My older sister	
4. My younger sister	
5. My father	
6. My mother	
7. My uncle	
8. My aunt	
9. My cousin	
10. My grandparents	
Score	**/10**

5b. Translate the following sentences (worth two points each) into Irish	
1. There are four people in my family	
2. My father, my mother and my two brothers	
3. I don't get along with my older brother	
4. My older sister is 23 years old	
5. My younger sister is 16 years old	
6. My grandfather is 78 years old	
7. My grandmother is 67 years old	
8. My uncle is 54 years old	
9. My aunt is 42 years old	
10. My cousin is 17 years old	
Score	**/20**

UNIT 6: "Describing myself and my family members" TOTAL SCORE: /30

6a. Translate the following sentences (worth one point each) into Irish	
1. Tall	
2. Small	
3. Kind	
4. Handsome	
5. Generous	
6. Boring	
7. Honest	
8. Sporty	
9. Chatty	
10. Helpful	
Score	**/10**

6b. Translate the following sentences (worth two points each) into Irish	
1. My mother is a strict and nice person	
2. My father is a stubborn and friendly person	
3. My older sister is an intelligent and sporty person	
4. My younger sister is a lazy person	
5. There are five people in my family	
6. I get along well with my older sister because she is a nice person	
7. I don't get along well with my younger sister because she is a bad person	
8. I get along well with my grandparents because they are funny and generous people	
9. What type of people are your parents?	
10. I don't get along well with my aunt and uncle	
Score	**/20**

UNIT 7: "Talking about pets" TOTAL SCORE: /40

7a. Translate the following sentences (worth one point each) into Irish	
1. A horse	
2. A rabbit	
3. A dog	
4. A turtle	
5. A bird	
6. A parrot	
7. A duck	
8. A guinea pig	
9. A cat	
10. A spider	
Score	**/10**

7b. Translate the following sentences (worth three points each) into Irish	
1. I have a white horse	
2. I have a green turtle	
3. At home, we have two fish	
4. My sister has a spider	
5. I don't have pets	
6. My friend Peter has a blue bird	
7. I have a very big cat	
8. I have a snake whose name is Alan	
9. I have a funny and noisy duck	
10. How many pets do you have at home?	
Score	**/30**

UNIT 8: "Talking about jobs" TOTAL SCORE: /40

8a. Translate the following sentences (worth one point each) into Irish	
1. I am a farmer	
2. He is a builder	
3. She is a server	
4. She is a nurse	
5. He is a house-husband	
6. She is a doctor	
7. He is a teacher	
8. She is a business person	
9. He is a hairdresser	
10. She is a farmer	
Score	**/10**

8b. Translate the following sentences (worth three points each) into Irish	
1. My father is a guard	
2. My mother is a nurse	
3. My grandparents don't work	
4. My sister works as a teacher	
5. My aunt is a guard	
6. My cousin is a teacher	
7. My cousins are builders	
8. He doesn't like his job because it is hard	
9. He likes his job because it is busy	
10. She hates her job because it is stressful	
Score	**/30**

9a. Translate the following sentences (worth two points each) into Irish	
1. He is taller than me	
2. He is more generous than her	
3. She is not bigger than him	
4. He is smaller than her	
5. She is more pretty than him	
6. She is more chatty than me	
7. I am more funny than him	
8. My dog is not more noisy	
9. My rabbit is more fun	
10. She is not more sporty than me	
Score	**/20**

9b. Translate the following sentences (worth 3 points each) into Irish	
1. My brother is stronger than me	
2. My mother is smaller than my father	
3. My uncle is more handsome than my father	
4. My older sister is more chatty than my younger sister	
5. My sister is taller than my cousin	
6. My grandfather is more strict than my grandmother	
7. My friend Pól is friendlier than my friend Franc	
8. My rabbit is quieter than my duck	
9. My cat is bigger than my dog	
10. My bird is louder than my turtle	
Score	**/30**

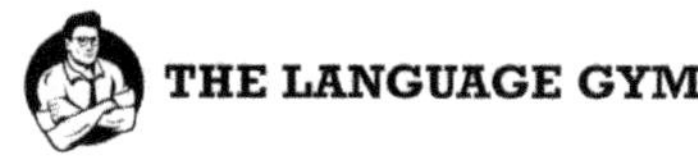

UNIT 10: "Talking about what is in a school bag" TOTAL SCORE: /40

10a. Translate the following sentences (worth one point each) into Irish	
1. I have a pen	
2. You have a ruler	
3. I have a book	
4. In my school bag	
5. In my pencil case	
6. My friend Pól	
7. Peadar has a ...	
8. I don't have a ...	
9. A purple exercise copy	
10. A yellow page	
Score	**/10**

10b. Translate the following sentences (worth three points each) into Irish	
1. I have four books in my school bag	
2. I have a blue pencil case	
3. She has a red school bag	
4. I don't have black pens	
5. There are two blue pens there	
6. My friend Paraic has a pencil	
7. Do you (pl) have a calculator?	
8. Do you (pl) have red pens?	
9. Is there a ruler in your pencil case?	
10. What is in your school bag?	
Score	**/30**

11a. Translate the following sentences (worth three points each) into Irish	
1. I like milk	
2. I love meat	
3. I don't like fish	
4. I hate chicken	
5. Fruit is tasty	
6. Honey is sweet	
7. I prefer water	
8. Milk is disgusting	
9. Chocolate is unhealthy	
10. Cheese is delicious	
Score	**/30**

11b. Translate the following sentences (worth five points each) into Irish	
1. I love chocolate because it is delicious	
2. I really like apples because they are healthy	
3. I don't like meat because it is unhealthy	
4. I hate sausages because they are unhealthy	
5. I love fish and potatoes	
6. I hate seafood because it is disgusting	
7. I really like fruit because they are healthy and delicious	
8. I like spicy chicken and vegetables	
9. I really like eggs because they are rich in protein	
10. I prefer roast chicken and potatoes	
Score	**/50**

UNIT 12: "Talking about food" - Part 2 TOTAL SCORE: /40

12a. Translate the following sentences (worth one point each) into Irish	
1. I eat my breakfast	
2. I eat my lunch	
3. I eat a lot of food	
4. I eat my dinner	
5. Delicious	
6. Oily	
7. Disgusting	
8. Healthy	
9. Unhealthy	
10. Sweet	
Score	**/10**

12b. Translate the following sentences (worth three points each) into Irish	
1. I eat eggs and drink coffee for my breakfast	
2. He eats seafood for lunch	
3. I eat my dinner	
4. You eat two sandwiches	
5. In the morning, I eat fruit	
6. You love meat because it is tasty	
7. From time to time, I eat cheese	
8. In the evening, I don't eat a lot of food	
9. We eat meat and fish every day	
10. I don't eat sweets often	
Score	**/30**

UNIT 13: "Describing clothes and accessories" TOTAL SCORE: /50

13a. Translate the following sentences (worth two points each) into Irish	
1. A red skirt	
2. A blue shirt	
3. A green scarf	
4. Black trousers	
5. A white shirt	
6. A brown hat	
7. A yellow coat	
8. Blue shorts	
9. A purple tie	
10. Grey shoes	
Score	**/20**

13b. Translate the following sentences (worth three points each) into Irish	
1. I often wear a black baseball cap	
2. At home, I wear blue sports clothes	
3. At school, we wear a green uniform	
4. At the beach, I wear a red swimsuit	
5. My sister always wears shorts	
6. My brother wears a watch	
7. My mother wears expensive clothes	
8. My teacher wears a suit	
9. My friend wears a nice dress	
10. My brothers wear shoes	
Score	**/30**

UNIT 14: "Talking about free time" TOTAL SCORE: /70

14a. Translate the following sentences (worth two points each) into Irish	
1. I do my homework	
2. You play football	
3. I play tennis	
4. He goes cycling	
5. We do weight lifting	
6. I go to the swimming pool	
7. I play sport	
8. They do horse riding	
9. Do you play football?	
10. I go to the beach	
Score	**/20**

14b. Translate the following sentences (worth five points each) into Irish	
1. I play basketball because it is enjoyable	
2. I play computer games with my friends	
3. My father and I go fishing from time to time	
4. My brother and I go to the gym every day	
5. I do weight lifting and go running every day	
6. When the weather is good, we go hiking	
7. When the weather is bad, I play chess	
8. My mother goes swimming at the weekend	
9. My younger brothers go to the park after school	
10. When I have extra time, I go to my friend's house	
Score	**/50**

UNIT 15: "Talking about weather and free time" TOTAL SCORE: /60

15a. Translate the following sentences (worth two points each) into Irish	
1. When the weather is good	
2. When the weather is bad	
3. When it is sunny	
4. When it is cold	
5. When it is hot	
6. I go swimming	
7. I play with my friends	
8. I go to the sports centre	
9. I go to the gym	
10. I go fishing	
Score	**/20**

15b. Translate the following sentences (worth four points each) into Irish	
1. When the weather is good, I go hiking	
2. When it is raining, we go to the sports centre and do weight lifting	
3. At the weekend, I do my homework and I play sport	
4. When it is hot, she goes to the beach or goes cycling	
5. When I have extra time, I go walking with my father	
6. When it is stormy, we stay at home and we play cards	
7. When it is sunny, they go to the park	
8. On Friday and on Saturday, I go dancing with my friends	
9. We don't play sport because we play computer games	
10. When it is snowing, we go to the mountains	
Score	**/40**

UNIT 16: "Talking about daily routine" TOTAL SCORE: /40

16a. Translate the following sentences (worth one point each) into Irish	
1. I get up	
2. I eat	
3. I eat my breakfast	
4. I drink	
5. I go to bed	
6. Around six o'clock	
7. I relax	
8. At midday	
9. At midnight	
10. I do my homework	
Score	**/10**

16b. Translate the following sentences (worth three points each) into Irish	
1. Around 7 o'clock in the morning, I eat my breakfast	
2. I shower	
3. I brush my teeth	
4. Around 8 o'clock in the evening, she eats her dinner	
5. I go to school by bus	
6. I watch television in my room	
7. I return home at half past 4	
8. We play computer games	
9. After that, I go to bed	
10. I have a very simple daily routine	
Score	**/30**

17a. Translate the following sentences (worth one point each) into Irish	
1. I live	
2. In a new house	
3. In an old house	
4. In a small house	
5. In a big house	
6. Beside the sea	
7. In the mountains	
8. In the countryside	
9. On the edge of town	
10. In the city centre	
Score	**/10**

17b. Translate the following sentences (worth three points each) into Irish	
1. There are four rooms in my house	
2. I prefer the kitchen	
3. I like relaxing in the living room	
4. There are seven rooms in my apartment	
5. My parents live in a beautiful house	
6. My uncle lives in an old-fashioned house	
7. We live beside the sea	
8. My friend Pól lives on a farm	
9. My cousins live in the west of Ireland	
10. My grandparents live in a beautiful house	
Score	**/30**

UNIT 18: "Talking about my home life" TOTAL SCORE: /40

18a. Translate the following sentences (worth one point each) into Irish	
1. I talk to my mother	
2. I play computer games	
3. I read magazines	
4. I read comics	
5. I watch films	
6. I listen to music	
7. I relax	
8. I do my homework	
9. I go walking	
10. I leave the house	
Score	**/10**

18b. Translate the following sentences (worth three points each) into Irish	
1. I clean my room	
2. I often help my parents	
3. I brush my teeth	
4. I upload pictures to Instagram	
5. Every day, I watch films on Netflix	
6. I eat breakfast in the morning	
7. After school, I listen to music in the garden	
8. When I have extra time, I play chess	
9. Usually, I go for a shower at 8 o'clock	
10. I go to school by bus	
Score	**/30**

UNIT 19: "My holiday plans" TOTAL SCORE: /70

19a. Translate the following sentences (worth two points each) into Irish	
1. I will go	
2. I will stay	
3. I will give	
4. I will eat	
5. I will visit	
6. I will stay over there	
7. I will spend	
8. I will go to the beach	
9. I will go sunbathing	
10. I will go on holidays	
Score	**/20**

19b. Translate the following sentences (worth five points each) into Irish	
1. We will go to the beach	
2. We will go to the city	
3. We will go shopping	
4. We will go sunbathing	
5. We will eat tasty meals	
6. We will eat nice ice-cream	
7. We will eat traditional desserts	
8. We will visit historic sites	
9. We will visit tourist sites	
10. We will visit the Eiffel Tour	
Score	**/50**

The End

We hope you have enjoyed using this workbook and found it useful!

As many of you will appreciate, the penguin is a fantastic animal. At Language Gym, we hold it as a symbol of resilience, bravery and good humour; able to thrive in the harshest possible environments, and with, arguably the best gait in the animal kingdom (black panther or penguin, you choose).
There are several hidden penguins (pictures) in this book, did you spot them all?

www.ingramcontent.com/pod-product-compliance
Ingram Content Group UK Ltd.
Pitfield, Milton Keynes, MK11 3LW, UK
UKHW051710150925
7904UKWH00042B/2004